THE LANGUAGE GYM

LES ÉTRANGERS

BOOK 3

PERDUS À LA CAMPAGNE

ISBN: 9783949651656

Imprint: Independently Published

Edited by:
Jérôme Nogues

About the authors

Tom Ball is head of the World Languages faculty and teaches French and Spanish at a leading international school in Malaysia. He is an experienced teacher and veteran faculty leader with 14 years of experience, ranging from the UK, the USA and now Malaysia. An avid writer, his stories are inspired by years of traveling and working around the world, including stints as a melon picker in the South of France, a deckhand in Papua New Guinea, and a wine merchant in London. He lives with his wife, Carlota, his son, Dacho, and their two cats in Kuala Lumpur. Tom has a passion for crafting intriguing story lines, writing witty prose, and creating dynamic characters that jump off the page and come to life. His teaching career, with a proven track-record ranging from Primary to A-Level, allows him to pitch the language at a level which creates challenging, engaging, but also student-friendly academic resources.

Dylan Viñales has taught for 15 years, in schools in Bath, Beijing and Kuala Lumpur in state, independent and international settings. He lives in Kuala Lumpur. He is fluent in five languages, and gets by in several more. Dylan is, besides a teacher, a professional development provider, specialising in E.P.I., metacognition, teaching languages through music (especially ukulele) and cognitive science. In the last five years, together with Dr Conti, he has driven the implementation of E.P.I. in one of the top international schools in the world: Garden International School. Dylan authors an influential blog on modern language pedagogy in which he supports the teaching of languages through E.P.I.

About the authors

Gianfranco Conti taught for 25 years at schools in Italy, the UK and in Kuala Lumpur, Malaysia. He has also been a university lecturer, holds a Master's degree in Applied Linguistics and a PhD in metacognitive strategies as applied to second language writing. He is now an author, a popular independent educational consultant and professional development provider. He has written around 2,000 resources for the TES website, which have awarded him the Best Resources Contributor in 2015. He has co-authored the best-selling and influential book for world languages teachers, "The Language Teacher Toolkit", "Breaking the sound barrier: Teaching learners how to listen", in which he puts forth his Listening As Modelling methodology and "Memory: what every language teacher should know". Last but not least, Gianfranco has created the instructional approach known as E.P.I. (Extensive Processing Instruction).

Nadim Cham has taught for the last five years in England and internationally, both in state and independent schools. He has been teaching for the last two years in Cairo, in a British International School, in which he has obtained outstanding results with his students at iGCSE level using EPI. He thoroughly enjoys collaborating with other practitioners as well as creating and sharing resources which apply the EPI pedagogy developed in this book. Nadim enjoys sports, discovering new technology, international food, and spending time with his family, as well collaborating on fantastic projects such as this book and many others, which contribute to improving the way languages are taught around the world.

DEDICATION

For Catrina
- Gianfranco

For Ariella and Leonard
- Dylan

For Carlota & Dacho
- Tom

For Inaya
- Nadim

Acknowledgements

A big thanks to our friends and family for the ongoing support and patience while we work hard to produce these resources.

Secondly, our most sincere thanks and gratitude to our team of volunteer student readers.

A special mention, as always, to the fabulous MFL Twitterati community for their support and feedback throughout the creation process of this book.

As always, credit to our illustrator Jean for her hard work and for lending her creativity and skill to help bring characters & scenes to life.

Finally, thank you to our editor, Jérôme Nogues for being a consistently positive, supportive and highly-skilled linguist and colleague. His meticulous checks, detective-like attention to detail and insightful suggestions, both cultural and linguistic, during this project have helped make this book the excellent resource that it is.

Introduction

In the third part of the *Les Étrangers* series, Sam heads into the southern countryside where he believes he will solve the mystery of his past. But what other secrets will he uncover and at what cost?

Under the baking French sun, the gang travel through the bone-dry hills to La Cassole, a sinister compound, once a monastery, that the locals avoid at all costs. Sam and his friends must overcome their fears to reveal La Cassole's dark secrets and shed light on Sam's life.

Once inside the compound, Sam faces the wrath of the diabolical gangster, Albert, a pack of savage animals, and must then fight for his life to discover shocking information about his own family.

Conceived for, and with input from, GCSE French students, the *Les Étrangers* series brings the GCSE topic areas to life through an engaging and exciting mystery in one of the most beautiful locations in France. Thanks to its parallel texts which guarantee 100 % comprehensible input at all times; the repetition of key language items; the judicious use of cognates and choice of high-frequency vocabulary drawn from the 2,500 most frequent French words, this book is ideal for learners in the A2-B1 proficiency band.

TABLE OF CONTENTS

CHAPTER 1

Que faisait ton frère hier soir ?

Je suis dans une ville
abandonnée. Il fait un soleil de
plomb et j'ai chaud. Devant
moi, il y a deux silhouettes. Je
ne vois pas leurs visages et je
hurle : « Maman, Papa ! »
Ils ne se retournent pas et ne
répondent pas.

Dans mon cœur, je ressens une
grande tristesse. Je suis seul, je
suis perdu.

Puis, j'entends des voix dans
l'obscurité, des voix qui me
menacent : « Retourne chez
toi, l'Anglais. Tu n'es pas le
bienvenu ici. » J'essaie de
courir, mais je ne peux pas, j'ai
les jambes en coton.

Je me réveille dans mon lit,
trempé de sueur. Je respire
profondément. C'était juste un
cauchemar, mais il y a quelque
chose qui ne tourne pas rond
dans cette ville, et je ne sais pas
ce que c'est. Hassan, mon
colocataire, ronfle comme une
locomotive dans son lit.

I am in an abandoned town.
The sun is beating down and
I'm hot. In front of me are two
figures. I don't see their faces
and I'm yelling, "Mum, Dad!"

They don't turn nor answer.

In my heart I feel great sadness.
I am alone; I'm lost.

Then I hear voices in the
shadows, voices that threaten
me: "Go home, Englishman.
You're not welcome here." I try
to run, but I can't, my feet are
heavy.

I wake up in my bed drenched
in sweat. I take a deep breath. It
was just a nightmare, but
something's wrong in this town
and I don't know what it is.
Hassan, my roommate, is
snoring like a freight train in
his bed.

Je me lève soigneusement pour
ne pas le réveiller et j'ouvre la
fenêtre pour y laisser pénétrer
un peu d'air.
5   Il y a des vêtements sales par
terre et la pièce sent la sueur
rance.

Je me demande quand Hassan a
10 pris une douche la dernière
fois. Parmi les vêtements sales,
je vois un guide de
conversation en russe. *Je ne
savais pas que Hassan parlait*
15 *russe...* je me dis en ramassant
mes clés.
Je quitte la pièce sans faire de
bruit. Mes pensées reviennent
aux deux personnages dans
20 mon rêve.

*Où sont mes parents ? Et
pourquoi ne sont-ils pas venus
me chercher ?*
25 Heureusement, il n'y a personne
à la réception. La vérité, cest
que je ne veux voir personne.
Ni Hassan, ni Valentina, la jolie
fille qui travaille à l'auberge où
30 je loge, ni son frère... Je veux
être seul et j'ai besoin de
réfléchir.

I get up carefully so as not to
wake him and open the window
to let in some air.

There are dirty clothes on the
floor and the room smells of
rancid sweat.

I wonder when was the last
time Hassan took a shower. In
amongst the dirty clothes I see
a Russian phrasebook. 'I didn't
know Hassan spoke Russian,' I
say to myself picking up my
keys.

I leave the room without
making a sound. My thoughts
return to the two figures in my
dream.

'Where are my parents? And
why haven't they come looking
for me?'
Luckily, there is no one at the
reception. The truth is that I
don't want to see anyone.
Neither Hassan, nor Valentina,
the pretty girl who works at the
inn where I'm staying, nor her
brother... I want to be alone and
I need to think.

J'ai passé trois jours sans savoir
qui je suis, d'où je viens, ou qui
sont mes parents.

5   La vérité c'est que j'en ai marre
de tout. La seule chose que je
sais, avec certitude, c'est que
j'ai des ennemis ici ; Albert et
son fils, Ivan, veulent
10   clairement me faire du mal.

D'autre part, je ne sais pas qui
sont mes amis. Hier, j'ai
découvert que le frère de la
15   charmante Valentina est
l'homme qui m'a attaqué dans
la cathédrale.

Toulouse est une belle ville et
20   je l'adore, mais je n'en peux
plus… Je veux avoir une vie
plus calme et moins
dangereuse. Je veux rentrer
chez moi, mais… *où est ma*
25   *maison ?*

Je traverse la réception en
silence et je sors par la grande
et vieille porte en bois.

30

Il fait frais dehors, mais le jour
se lève sans un nuage dans le
ciel.

I have spent three days not
knowing who I am, nor where
I'm from nor who my parents
are.
The truth is that I'm sick of
everything. The only thing I
know, without a doubt, is that I
have enemies here; Albert and
his son, Ivan, clearly want to
hurt me.

On the other hand, I don't know
who my friends are. Yesterday
I found out that the brother of
the charming Valentina is the
man who attacked me in the
cathedral.

Toulouse is a beautiful city and
I love it, but I can't take it
anymore… I want to have a
calmer and less dangerous life.
I want to go home, but…
'where is my home?'

I cross the reception quietly and
go out through the big old
wooden door.

It's cool outside, but dawn is
breaking without a cloud in the
sky.

Il va faire chaud plus tard. *Je me rapproche de la vérité*, je me dis en essayant d'être positif.

5 Je pense à la carte de crédit que j'ai dans mon portefeuille. Il y a un nom dessus : « La Cassole », une commune dans le sud-est de Toulouse.

10

Je dois aller à La Cassole à la recherche de mon identité. J'ai aussi la mystérieuse photo de « Lorena ». Je ne sais toujours
15 pas qui elle est, mais je veux lui parler. Peut-être qu'elle sait pourquoi je suis à Toulouse.

Sur la place, il y a un agent de
20 voirie qui balaie tranquilement le sol pendant que les serveurs mettent les chaises et les tables en place. Les clients arriveront bientôt et les pigeons attendent
25 avec impatience.

J'aurais aimé parler à la petite vieille qui m'a aidé hier, Paulette, mais elle n'est pas là ;
30 donc, je m'assois à une table et je commande un café et des viennoiseries.

It will be hot later. I'm getting closer to the truth, I tell myself, trying to be positive.

I think about the credit card in my wallet. It has a name on it: 'La Cassole', a district in the south-east of Toulouse.

I have to go to La Cassole in search of my identity. I also have the mysterious photo of 'Lorena'. I still don't know who she is, but I want to talk to her. Maybe she knows why I'm in Toulouse.

In the square there is a street cleaner quietly sweeping the floor while the waiters put the chairs and tables in place. The customers will be arriving soon for breakfast and the pigeons are waiting expectantly.

I would have liked to talk to the old lady who helped me yesterday -Paulette-, but she is not around; so, I sit at a table and order a coffee and some pastries.

La serveuse me reconnaît et me
sourit. Elle apporte mon café et
me demande : —Tu as joué du
cajon avec ton ami hier, non ?
5 J'acquiesce et elle me dit :
—J'ai beaucoup aimé. Tu vas
jouer pendant le festival ?

10 Je la regarde, confus, et elle
m'explique que le carnaval de
Toulouse commence demain.
—Il y aura de la musique et des
manèges. Toute la ville
15 viendra.
Je lui dis que je vais parler à
Hassan, mais que je n'ai aucune
intention de jouer devant un
public.
20

Je sirote mon café et je
commence à me sentir mieux.
Les gens à Toulouse sont très
sympas. Peut-être que ce qui
25 s'est passé hier soir à la
cathédrale n'avait rien à voir
avec moi.

J'était probablement au mauvais
30 endroit, au mauvais moment.

The waitress recognises me and
smiles at me. She brings my
coffee and asks me, "You
played the 'cajon with your
friend yesterday, didn't you?"
I nod and she says to me,
"I really liked it. Are you going
to play in the festival?

I look at her confused and she
explains that Toulouse's town
festival starts tomorrow. "There
will be music and rides. The
whole city will be coming."

I tell her I'll talk to Hassan, but
I have no intention of playing
in front of an audience.

I sip my coffee and start to feel
better. The people in Toulouse
are very friendly.
Maybe what happened in the
cathedral last night had nothing
to do with me.

I was probably in the wrong
place at the wrong time.

Ce que je dois faire, c'est aller à
La Cassole et demander s'ils me
connaissent. Ils vont m'aider,
j'en suis sûr.
5   Ensuite, je prendrai le train – il
me reste toujours beaucoup
d'argent – et j'irai à l'ambassade
à Paris pour demander de l'aide,
ou à l'aéroport pour rentrer
10 chez moi, où que ce soit…
C'est ce que je ferai.

Mes viennoiseries arrivent.
Elles sont fraichement
15 préparées et sentent bon.
Je m'adosse à ma chaise en
regardant les pigeons affamés.
Oui, je me sens tellement
mieux maintenant que j'ai un
20 plan.

—Tu aimes te lever tôt, non ?
dit une douce voix derrière moi
et je sursaute.
25 —Tu as l'air nerveux ce
matin… Pas étonnant après la
nuit que tu as passée hier !
C'est Valentina. Elle me sourit
et je sens mon cœur battre plus
30 vite. À chaque fois que je la
vois, elle me semble plus jolie.

What I have to do is go to La
Cassole and ask if they know
me. They will help me, I'm
sure.
Then I'll take the train -I still
have a lot of money left- and
I'll go to the Embassy in Paris
to ask for help or to the airport
to return home, wherever that
is…
That's what I'll do.

My pastries arrive. They are
freshly made and smell great.
I lean back in my chair looking
at the hungry pigeons.

Yes, I feel so much better now
that I have a plan.

"You like to get up early, don't
you?" a soft voice says from
behind me and I jump.
"You seem a bit nervous this
morning… No wonder after the
night you had yesterday!"
It's Valentina. She smiles at me
and I feel my heartbeat speed
up. Every time I see her, she
seems even prettier.

Elle a les cheveux longs, roux
et ondulés. Elle a un visage
rayonnant avec des yeux verts,
et une belle peau éclante.

5

L'odeur de son parfum me rend
heureux.

—Valentina ! je dis en essayant
10 d'agir naturellement malgré ma
voix toute perchée.
—Pourquoi tu n'es pas à
l'Auberge ?

15 Valentina commande un café et
me regarde avec ses beaux
yeux. —Aujourd'hui, c'est au
tour de Sara, elle y travaille
avec Fernand et moi.
20

J'évite son regard, me rappelant
la nuit dernière quand Fernand,
son frère aîné, a attaqué mon
oncle et m'a ensuite poursuivi
25 dans l'obscurité de la
cathédrale.

Valentina ne sait pas ce que son
frère a fait.
30

—La vérité est que je voulais
prendre un café avec toi.

She has long, red, wavy hair.
She has a radiant face with
green eyes and beautiful
glowing skin.

The scent of her perfume
makes me feel happy.

"Valentina!" I say, trying to act
natural, despite the momentary
high-pitched break in my voice.
"Why aren't you at the Inn?"

Valentina orders a coffee and
looks at me with her beautiful
eyes. "Today it's Sara's turn,
she works there with Fernand
and me."

I avoid her gaze, remembering
the night before when Fernand,
her older brother, attacked my
uncle and then chased me in the
darkness of the cathedral.

Valentina doesn't know what
her brother did.

"The truth is that I wanted to
have a coffee with you.

Cela fait quelques jours depuis
le moment où nous… nous
avons échangé au pied du mur
de la ville. Et aujourd'hui, j'ai
5   un jour de repos, donc…

Je rougis en pensant à ce qui
s'est passé, et, par-dessus tout, à
ce qui ne s'est pas passé au
10   mur. Valentina était sur le point
de m'embrasser, mais… son
portable nous avait interrompu.

Son café arrive et Valentina me
15   demande : —Tu te souviens ?

—Oui Valentina, je me
souviens, je dis, en détournant
mon regard d'elle.
20

Je me souviens aussi que son
frère est un membre de la
bande qui veut me faire du mal.
Et je me demande, *comment*
25   *puis-je savoir avec certitude si*
elle fait partie de la bande ou
non ? Est-elle une amie, ou une
ennemie ?
Sans penser, je la regarde et je
30   dis : —Tu sais où était Fernand
hier soir ?

It's been a few days since the
moment we... we shared on the
city wall. And today I have the
day off, so…"

I blush thinking about what
happened, and, above all, about
what didn't happen on the wall.
Valentina was about to kiss me,
but… her mobile phone had
interrupted us.

Her coffee arrives and
Valentina asks me : "Do you
remember?"
"Yes, Valentina, I remember,"
I say, looking away from her.

I also remember that her
brother is a member of the gang
who wants to hurt me. And I
wonder, how I can know for
sure if Valentina is part of the
gang or not? Is she friend or
foe?

Without thinking, I look at her
and say: "Do you know where
Fernand was last night?"

Valentina prend une gorgée de
son café et hausse les épaules.
—Mon frère ? Je ne sais pas…
J'imagine qu'il était avec ses
amis. Il est toujours avec eux. Il
est rentré vers minuit…

Elle pose son café sur la table.
—Tu étais à la réception quand
il est rentré. Pourquoi tu me
poses des questions à propos de
mon frère ?

*Parce qu'il est un criminel et
une canaille,* je pense, mais je
ne dis rien.

—Sam, il y a quelque chose
que tu veux me dire ?
Elle me regarde attentivement
et sa voix semble un peu irritée.

Je veux dire que je sais qui est
son frère ; qu'il est un criminel
qui travaille avec le gangster,
Albert. Mais je ne peux pas. Je
ne veux pas me disputer avec
elle. Je ne veux vraiment pas
l'embêter. Je veux juste la
rendre heureuse.

Valentina takes a sip of her
coffee and shrugs.
"My brother? I don't know… I
imagine he was with his
friends. He's always with them.
He came back around
midnight...".

She puts her coffee on the
table. "You were at the
reception when he came back.
Why are you asking about my
brother?"

'Because he's a criminal and a
scoundrel,' I think, but I say
nothing.

"Sam, is there something you
want to tell me?" She's looking
at me carefully and her voice
sounds a little irritated.

I want to say that I know who
her brother is; that he is a
criminal and that he works with
the gangster, Albert. But I can't.
I don't want to argue with her. I
really don't want to annoy her. I
just want to make her happy.

À ce moment, je vois Joanna et Yuki traverser la place. Joanna a un café dans la main et Yuki regarde son téléphone portable.	At that moment, I see Joanna and Yuki crossing the square. Joanna is carrying a coffee and Yuki is looking at her mobile phone. Joanna looks at us and says something to Yuki.

At that moment, I see Joanna and Yuki crossing the square.

5 Joanna nous regarde et dit quelque chose à Yuki. L'Allemande nous fait signe. Elles viennent à notre table et s'assoient avec nous.

Joanna is carrying a coffee and Yuki is looking at her mobile phone. Joanna looks at us and says something to Yuki. The German girl waves at us. They come to our table and sit with us.

10

—Tu es toujours vivant Sam ? me dit Joanna en posant une main sur mon épaule et en prenant quelques viennoiseries

15 de mon assiette sans demander. —La nuit dernière a été une nuit mémorable. Tu as une idée de qui t'a attaqué ? Tu as parlé à la police une nouvelle fois ?

"You're still alive, Sam?" Joanna says to me, putting a hand on my shoulder and taking a couple of pastries off my plate without asking. "Last night was a night to remember. Do you have any idea who attacked you? Have you talked to the police again?"

20

—Des fantômes, dit Yuki en regardant toujours son téléphone. —Selon le site www.toulousehantée.fr, la

25 cathédrale compte plus de vingt-trois fantômes résidents.

"Ghosts," Yuki says, still looking at her phone. According to the website www.toulousehantée.fr, the cathedral has more than twenty-three resident ghosts.

Je ne sais pas si elle est sérieuse ou si elle plaisante, mais je

30 regarde Valentina et secoue la tête.

I don't know if she's serious or if she's joking, but I look at Valentina and shake my head.

—Non, ce n'étaient pas des
fantômes, Yuki. Mais la police
dit qu'il n'y avait personne dans
la cathédrale. Je ne sais pas qui
c'était,— Valentina me fixe,
—mais aujourd'hui je vais le
découvrir. Vous allez m'aider ?

"No, they weren't ghosts, Yuki.
But the police say that there
was no one in the cathedral. I
don't know who it was,"
Valentina stares at me, "but
today I'm going to find out. Are
you going to help me?"

CHAPTER 2

La professeure n'est pas là

Yuki, Joanna et moi allons à Virelangues, l'école de langue. Nous avons un cours de français à huit heures avec Renata, notre professeure. J'ai hâte car Renata est très gentille et elle nous enseigne beaucoup de choses.

—Tu veux retourner à la cathédrale ce soir, Sam ? dit Yuki. —Cette fois, je ferai une vidéo et nous pourrons la mettre en ligne. Si nous voyons des fantômes, on fera le buzz !

—Ce n'est pas quelque chose que j'ai envie de revivre, et, de toute façon, je n'ai pas envie de faire le buzz, Yuki— je réponds en imaginant une bande d'ombres nous poursuivant à travers les catacombes.

Un frisson parcourt mon corps.

—Vous devez faire attention les gars, dit Joanna en croquant dans le bout d'une viennoiserie. —Qu'ils soient fantômes ou criminels, ils sont dangereux.

Yuki, Joanna and I go to *Virelangues* (Tongue Twisters), the language school. We have French class at eight with Renata, our teacher. I'm looking forward to the class because Renata is very nice and she teaches us a lot of things.

"Do you want to go back to the cathedral tonight, Sam?" Yuki says. "This time, I will make a video and we can upload it to the internet. If we see ghosts, we'll go viral!"

"It's not something I want to repeat and, in any case, I don't want to go viral, Yuki," I answer, imagining a gang of shadows chasing us through the catacombs.

A chill runs through my body.

"You guys have to be careful," Joanna says, biting into the end of a pastry. "Whether ghosts or criminals, they are dangerous."

—Nous devons parler à la police. Tu penses que l'homme que tu as vu dans la cathédrale était ton oncle ?

5

Je pense à la silhouette qui m'attendait dans la cathédrale. « Tu es en danger, » il m'a dit, « je suis ton oncle. »

10

—Je ne sais pas, Joanna. Il *m'a dit* qu'il était mon oncle, mais je ne l'ai pas reconnu… Mais cela ne veut rien dire quand tu ne

15 connais même pas ton nom de famille…

Nous traversons une rue pour arriver dans le quartier où se

20 trouve l'école de langues. Au loin, je vois la tour de la cathédrale.

—Peut-être que ton oncle est

25 mort et qu'il te rendait visite depuis l'au-delà... dit Yuki.
—Yuki, s'il te plaît. Ça suffit avec les fantômes ! Je lui dis brusquement.

30

—J'espère que ton oncle va bien, dit Joanna avec la bouche pleine de viennoiserie.

"We have to talk to the police. Do you think the man you saw in the cathedral was your uncle?"

I think about the figure that was waiting for me in the cathedral. "You are in danger," he told me, "I am your uncle."

"I don't know, Joanna. *He told me* that he was my uncle, but I didn't recognise him... But that doesn't mean anything when you don't even know your last name...

We cross a street to get to the neighborhood where the language school is. In the distance I see the tower of the cathedral.

"Maybe your uncle is dead and he was visiting you from the afterlife..." says Yuki.
"Yuki, please. Enough with the ghosts!" I snap at her.

"I hope your uncle is okay," Joanna says through a mouth full of pastry.

—Je n'arrive pas à croire que tu l'as laissé blessé par terre, rajoute Joanna.

5 Je m'arrête soudainement et la regarde.
—Pour l'amour de Dieu ! Je ne voulais pas le laisser, Joanna ! Je n'avais pas d'autre choix…
10 Cette conversation ne m'aide pas du tout !

—Nous aurions pu combattre les assaillants, dit Yuki sans y
15 prêter attention.
—Vous êtes incroyables, les filles. J'ai failli me faire tuer la nuit dernière et vous pensez que j'aurais dû faire du kung-fu
20 pour me défendre… Venez, nous devons aller en cours.

Nous arrivons à l'école de langues. C'est un bâtiment
25 moderne entre une clinique et la poste.

Nous entrons dans la réception où un groupe d'étudiants est
30 assis en train de lire des journaux et des magazines en plusieurs langues.

"I can't believe you left him injured on the ground", adds Joanna.

I stop cold and look at her.

"For the love of God! I didn't *want* to leave him, Joanna! I had no choice… This conversation is not helping me at all!"

"We could have fought the attackers," Yuki says without paying any attention.
"You guys are unbelievable. I almost got killed last night and you think I should have done kung-fu to defend myself… Come on, we have to get to class."

We arrive at the language school. It is in a modern building between a clinic and the Post Office.

We enter the reception where a group of students are sitting reading newspapers and magazines in various languages.

La réceptionniste m'appelle :
—Coucou Sam, elle me dit,
mais en continuant de regarder
son écran d'ordinateur, —
quelqu'un te cherchait.

Je me souviens la veille, quand
Albert, le gangster avec le
serpent tatoué sur le cou, est
venu à l'école et j'ai dû me
cacher dans les toilettes. Est-ce
qu'il me cherche encore ?

—Une femme a appelé, dit la
réceptionniste en tapant sur son
clavier pendant qu'elle me
parle. —Elle a dit que c'était à
propos de quelque chose de très
important…

—Ah bon ? je réponds,
optimiste.
—Mais elle ne parlait pas
français, donc je n'ai rien
compris. Quelque chose à
propos de ton père…

—Mon père ?! je dis, en criant
presque. —Tu as un message
de mon père ?!
—Du calme ! C'était une
femme, et comme je t'ai dit, je
n'ai rien compris.

The receptionist calls me,
"Hiya Sam," she says to me,
but keeps looking at her
computer screen, "someone
was looking for you."

I remember the day before
when Albert, the gangster with
the snake tattooed on his neck,
came to school and I had to
hide in the toilets.
Is he looking for me again?

"A woman called," the
receptionist says, typing as she
speaks to me. "She said it was
something very important…"

"Yes?" I answer, optimistic.

"But she didn't speak French so
I didn't understand anything.
Something about your father…"

"My father?!" I say, almost
yelling. "Do you have a
message from my father?!"
"Calm down! It was a woman,
and like I told you, I didn't
understand a thing."

Je veux souligner l'ironie du fait qu'une réceptionniste dans une école de langues, où la majorité des étudiants sont anglais et américains, ne parle pas un seul mot d'anglais, mais à la place je dis : —S'ils rappellent, tu peux leur donner mon numéro de téléphone s'il te plaît ?

Je laisse mon numéro de portable avec la réceptionniste. Je me sens étourdi.

Mon père existe-t-il ? Est-ce qu'il me cherche ? Où est-ce que la réceptionniste s'est trompée ?

Je vais devoir attendre pour le savoir. J'espère qu'elle va rappeller. Je décide de ne rien dire à Yuki et à Joanna au cas où la réceptionniste a fait une erreur.

Je regarde l'horloge derrière la réceptionniste. Il est huit heures cinq. Nous sommes encore en retard pour le cours.

I want to highlight the irony of a receptionist at a language school, where the majority of the students are English and American, who doesn't speak a single word of English, but instead I say, "If they call again, can you give them my phone number, please?"

I leave my mobile number with the receptionist. I feel dizzy.

Does my father exist? Is he looking for me? Or has the receptionist made a mistake?

I'm going to have to wait to find out. I hope she calls again. I decide not to say anything to Yuki and Joanna just in case the receptionist made a mistake.

I look at the clock behind the receptionist. It's five past eight. We're late for class again.

Yuki, Joanna et moi entrons dans la salle de classe où tous nos camarades de classe sont assis sur leurs chaises, discutent et regardent leurs téléphones.

Yuki, Joanna, and I walk into the classroom where all of our classmates are sitting in their chairs chatting and looking at their phones.

—Où est Renata ? je demande à Chad, mon camarade de classe américain, qui joue à *Minecraft* sur son téléphone portable.
—Elle n'est jamais en retard.

"Where is Renata?" I ask Chad, my American classmate, who is playing *Minecraft* on his phone.

"She's never late."

Juste à ce moment, la directrice de l'école, une jeune femme mince vêtue d'un tailleur et de petites lunettes rondes, entre dans la salle de classe et se racle la gorge.

Just then, the school principal, a slim, young woman wearing a business suit and small round glasses, walks into the classroom and clears her throat.

—Bonjour. Madame Renata n'est pas là aujourd'hui. Malheureusement, vous n'aurez pas de cours de français ce matin. Je suis vraiment désolée. Les cours reprendront demain à huit heures.

"Good morning. Mrs. Renata is not here today. Unfortunately, you are not going to have French class this morning. I'm very sorry.
Lessons will resume tomorrow at eight."

La directrice s'en va et je regarde Yuki et Joanna.

The principal leaves and I look at Yuki and Joanna.

—Qu'est-il arrivé à Renata ?

"What happened to Renata?"

—Aucune idée, dit Joanna,
mais Chad s'approche de moi et
murmure : —Son frère est
malade. Il est à l'hôpital. Je
5 pense qu'il a eu un accident de
voiture ou quelque chose
comme ça — je l'entends dire,
mais je suis en train de penser à
mon père.
10

Il faut que je fasse quelque
chose pour me distraire… Je
décide d'envoyer un message à
Valentina. Elle ne travaille pas
15 aujourd'hui et elle elle m'a dit
qu'elle voulait passer du temps
avec moi.

« Je vais venir te chercher tout
20 de suite » répond Valentina, et
l'idée d'être finalement seul
avec elle me fait sourire.

Avec un peu de chance, la
25 personne qui a appelé me
rappellera bientôt.

Hé, les filles. Qu'est-ce que
vous allez faire de votre jour de
30 repos maintenant qu'il n'y a pas
cours ? je demande à Yuki et à
Joanna.

"I have no idea," Joanna says,
but Chad walks over to me and
murmurs, "Her brother is sick.
He is in the hospital. I think it
was a car accident or something
like that." I hear him say, but
I'm thinking about my father.

I have to do something to
distract myself… I decide to
send Valentina a message.
She's not working today and
she said she wanted to spend
time with me.

"I'll come and get you right
now," Valentina replies, and
the thought of finally being
alone with her makes me smile.

Hopefully, the person who rang
will call me back soon.

"Hey, girls. What are you going
to do with your day off now
that there's no class?" I ask
Yuki and Joanna.

—J'ai envie d'enquêter sur les fantômes que nous avons vus la nuit dernière dans la cathédrale, dit Yuki avec un sourire
5 jusqu'aux oreilles.

"I feel like investigating the ghosts we saw last night in the cathedral," Yuki says grinning from ear to ear.

—Et je pense que je vais aller à l'hôpital, dit Joanna. —Je m'inquiète pour Renata. Je vous
10 appelle plus tard.

"And I think I'm going to go to the hospital," Joanna says. "I'm worried about Renata' I'll call you later."

Quand nous sortons de l'école, Valentina m'attend dans sa voiture. Elle a une Citroën C2
15 argentée. La voiture est carrée avec des rayures noires sur lesquelles on peut lire « SuperSportXS » sur les côtés.

When we leave the school, Valentina is waiting for me in her car. She has a silver Citroën C2. The car is boxy with black stripes reading "SuperSportXS" on the sides.

20 Ce n'est pas la voiture dans laquelle j'imaginais Valentina. Elle me paraît être plus du genre Mini ou Coccinelle…
—C'est la vieille voiture de
25 mon frère, me dit Valentina par la vitre de la voiture.

It is not the car which I imagined Valentina in. She strikes me more as a Mini or a Beetle person...
"It's my brother's old car," Valentina tells me through the car window.

—Merci d'être venue, je lui dis un peu nerveux. Elle me sourit
30 et j'hésite un instant.

"Thanks for coming," I tell her a little nervous. She smiles at me and I hesitate for a moment.

Je pense qu'elle connaît mes
intentions… Mon cœur bat plus
vite de nouveau. Je sais que je
veux l'embrasser mais... est-ce
qu'elle veut la même chose ?

—Vous allez à la Cassole ? dit
Yuki derrière moi. —Allons-y.
Je vais y aller avec vous. Monte
à l'arrière, Sam…

Elle me pousse vers la porte
arrière et mon cœur se serre.
—Voyons s'il y a des indices
sur ton identité dans cet
endroit ! dit Yuki en essayant
de me coincer dans le siège
arrière.

—Attends... je bafouille.
Je suis déçu et confus. —Tu
n'allais pas jouer à « chasseuse
de fantômes » dans la
cathédrale ?

—Plus tard, dit-elle en montant
dans la voiture. —Je veux vous
aider à résoudre ce mystère.
Je voulais passer cette journée
avec Valentina, mais il est vrai
que je veux aussi aller à La
Cassole.

I think she knows my
intentions… My heartbeat
speeds up again. I know I want
to kiss her but... does she want
the same thing?

"Are you guys going to La
Cassole?" Yuki says from
behind me. "Come on. I'll go
with you then. Get in the back,
Sam..."
She pushes me towards the
back door and my heart sinks.
"Let's see if there are any clues
to your identity in this place!"
Yuki says as she tries to
squeeze me into the back seat
of the car.

"Wait…" I stutter.
I'm disappointed and confused.
"Weren't you going to play
'Ghostbusters' in the
cathedral?"

"Later," she says as she gets
into the car, "I want to help you
guys solve the mystery."
I wanted to spend the day with
Valentina, but it's true that I
also want to go to La Cassole.

Mais je ne pense pas que les filles devraient venir, c'est trop risqué.

5 —Valentina, tu m'as dit qu'Albert était un gangster, et maintenant, tu veux passer le saluer à La Cassole… ? Ce n'est pas dangereux là-bas ?
10 —Peut-être, mais on peut y jeter un coup d'œil, non ? interromp Yuki.

—Quoi qu'il en soit, ajoute
15 Valentina, — j'ai laissé un message à Fernand pour qu'il sache où nous allons. S'il y a un problème, il viendra nous chercher.
20

Ce n'est pas très rassurant, je pense, en me rappelant que Fernand m'a attaqué dans la cathédrale, mais je ne dis rien.
25

En tout cas, c'est très réconfortant qu'elles veuillent m'aider. Et Yuki a raison : il est temps de découvrir qui je suis
30 et il semble que la solution à mon mystère se trouve à La Cassole.

But I don't think the girls should come, it's too risky.

"Valentina, you told me that Albert was a gangster and, now, you want to go and say hi to him at La Cassole…? Isn't it dangerous to go there?"
"Maybe, but we can take a look, right?" Yuki interrupts.

"Anyway," Valentina adds, "I've left a message for Fernand so he knows where we're going. If there's a problem, he'll come looking for us."

'That's not very reassuring,' I think, remembering Fernand attacking me in the cathedral, but I don't say anything.

In any case, it is very comforting that they want to help me. And Yuki is right: it's time to find out who I am and it seems that the solution to my mystery is in La Cassole.

—Très bien, je dis finalement.

—Allons à La Cassole, mais
juste pour y jeter un coup d'œil,
5 d'accord ? Et ensuite, je vous
invite à manger sur la place,
qu'en pensez-vous ?

Valentina sourit et acquiesce, et
10 Yuki dit : —Et ensuite, on
retourne à la cathédrale,
d'accord ?

"Very well," I say finally.

"Let's go to La Cassole, but just
to take a look, okay? And then
I'm inviting you to eat in the
town square, what do you
think?"

Valentina smiles and nods, and
Yuki says, "And then we'll go
back to the cathedral, okay?"

CHAPTER 3

Un passager surprenant

Nous quittons Toulouse par un vieux pont qui semble remonter à l'époque romaine. Nous nous arrêtons à un feu rouge et je vois la vieille ville dans le rétroviseur de Valentina.

La ville scintille de façon spectaculaire dans la lumière dorée du matin. C'est comme le décor d'un film médiéval sur des chevaliers et des princesses.

La ville tout entière est un musée vivant.

Valentina allume la radio et nous entendons un chanteur de flamenco qui a l'air très triste. Nous longeons la rivière puis gravissons les collines d'ocre et d'or qui entourent la ville.

Après seulement cinq minutes, nous sommes en pleine campagne. La terre est très sèche et le paysage est vide et impitoyable.

Il n'y a pas de climatisation dans la voiture. Valentina a les vitres ouvertes, mais j'ai toujours très chaud.

We leave Toulouse via an old bridge that looks like it dates back to Roman times. We stop at a traffic light and I see the old town in Valentina's rearview mirror.

The city gleams spectacularly in the golden morning light. It's like the setting of a medieval movie about knights and princesses.

The whole city is a living museum.

Valentina turns on the radio and we hear a flamenco singer who sounds very sad. We follow the river and then climb the hills of ochre and gold that surround the city.

After only five minutes we are in the middle of the countryside. The land is very dry and the landscape is empty and unforgiving.

There is no air conditioning in the car. Valentina has the windows open, but I'm still very hot.

—Il fait une chaleur à crever,
dit Valentina, en me regardant
à travers le rétroviseur. —Tu
sais que c'est la période des
incendies ?

—Incendies ? je répète. De
quoi tu parles ?

—Nous venons de passer
presque un an sans une goutte
de pluie dans la région, elle
explique. —Il y a la sécheresse
et les champs de Villefranche-
de-Lauragais sont
extrêmements secs. L'année
dernière, deux fermiers sont
morts dans un incendie près
d'ici...

—Villefranche-de-Lauragais !
Ma famille d'accueil vit là-bas !
interromp joyeusement Yuki.
—Il y a un très bon restaurant
qui s'appelle La Camarétoise !

—Ils ont des spectacles de
flamenco, non ? dit Valentina.
—Je connais l'endroit !

"It's roasting hot," Valentina
says, looking at me in the
rearview mirror. "Do you know
it's wild fire season?"

"Wild fires?" I repeat. "What
are you talking about?"

"We've gone almost a year
without a drop of rain in the
region," she explains.
"There is a drought and the
fields of Villefranche-de-
Lauragais are extremely dry.
Last year two farmers died in a
fire near here..."

"Villefranche-de-Lauragais!
My foster family lives there,"
Yuki interrupts happily. "They
have a very good restaurant
called La Camarétoise!"

"They do flamenco shows,
right?" says Valentina. "I know
the place!

Il y a ce beau garçon...
comment s'appelle-t-il ? « Le
Flambé » non ?
— « Jean La Flamme », corrige
5 Yuki, —mais oui, il est
incroyable.

Magnifique. Un vrai spectacle.
Il bouge ses mains comme si
10 elles étaient des flammes d'un
feu bougeant dans la brise. Je
pourrais le regarder danser
toute la nuit, vraiment.

15 —D'accord, les filles, d'accord,
j'interromps par inadvertance.
Je suis sûr que « Le Flamingo »
est très beau, mais est-ce qu'on
peut se concentrer sur La
20 Cassole ? C'est à Villefranche-
de-Lauragais ?

Je pense que j'entends Yuki
marmonner quelque chose
25 comme « jaloux » dans sa
barbe et elle jette un coup d'œil
à Valentina qui rit, mais je ne
dis rien.
Dix minutes plus tard, nous
30 arrivons dans une petite ville
historique : Villefranche-de-
Loragais.

With that handsome boy…
What is his name? 'The
Flambé' right?...
"Jean The Flame,' Yuki
corrects, "but yes, he's
incredible."

"Gorgeous. A real spectacle.
He moves his hands as if they
were the flames of a fire
moving in the breeze. I could
watch him dance all night,
really."

"Alright girls, alright," I
interrupt inadvertently. I'm sure
'The Flamingo' is very
handsome, but can we focus on
La Cassole? Is it in
Villefranche-de-Lauragais?

I think I hear Yuki mutter
something like 'jealous' under
her breath and glance at
Valentina who laughs, but I
don't say anything.

Ten minutes later, we arrive at
a small historical town:
Villefranche-de-Loragais.

Yuki nous raconte tout ce qu'il
y a dans la ville : une place au
centre, quelques restaurants, un
café, la mairie, une église, une
5   coopérative d'huile d'olive et,
dans les villes voisines,
quelques camps de gitans.

Les gens dans la rue nous
10   regardent comme si nous étions
des animaux exotiques, mais
Yuki leur fait signe de la main
comme si elle était la reine.

15   Nous tournons dans une rue à
côté de l'église.
—Nous sommes arrivés, dit
Valentina en garant la voiture
sur le côté de la rue.
20

—Dans une scène de « Les
Misérables » ? je demande à
Valentina en regardant le vieux
clocher de l'église.
25

Nous sortons de la voiture et
Valentina la verrouille. Il fait
très chaud et l'air est sec,
comme si nous étions dans un
30   désert.

Yuki tells us everything there is
in the town: a square in the
centre, a couple of restaurants,
a café, the town hall, a church,
an olive oil producer and, in the
neighbouring towns, a few
gypsy camps.

The people in the street look at
us like we're exotic animals,
but Yuki waves at them like
she's the queen.

We turn into a street next to the
church.
"We're here," Valentina says,
parking the car on the side of
the street.

"In a scene from Les
Misérables?" I ask Valentina
looking at the old tower of the
church.

We get out of the car and
Valentina locks it. It is very hot
and the air is dry, as if we were
in a desert.

Je regarde autour de moi : les
rues sont étroites et les
maisons, vieilles et basses, ont
leurs volets fermés.

I look around me: the streets
are narrow and the houses, old
and low, have their shutters
closed.

5

Valentina apparaît à mes côtés.
—Regarde. Elle indique un
grand portail au bout d'une des
rues. On dirait l'entrée d'une
prison.

Valentina appears at my side.
"Look at it," she points to a
large gate at the end of one of
the streets. It looks like the
entrance to a prison.

10

Je ne vois rien au-delà de la
porte, sauf une haute cheminée
en brique qui donne sur les toits
affaissés des vieilles maisons
de la ville.
—C'est un endroit bien connu,
Sam. Officiellement c'est une
coopérative d'huile d'olive -un
moulin à huile-, mais ils ne
vendent plus d'huile.

I can't see anything beyond the
gate except a tall brick chimney
stack that looks out over the
sagging roofs of the old houses
in town.
"It's a well-known place, Sam.
Officially it is an olive oil
cooperative -an oil mill-, but
they no longer sell any oil."

15

20

—Tout le monde sait que,
maintenant, c'est le quartier
général des opérations d'Albert.

"Everyone knows that it is now
the headquarters of Albert's
operations.

25

Je regarde la haute cheminée
avec intérêt. —Et pourquoi la
police ne fait rien ?
—Parce qu'Albert a des amis
partout et… Valentina hésite un
instant.

I look at the chimney stack
with interest. "And why don't
the police do anything?"
"Because Albert has friends
everywhere and…" Valentina
hesitates for a moment.

30

—Et… ? répète Yuki.
—Et la vérité est que… dit
Valentina en regardant autour
de nous. —La vérité est qu'il y
a des gens qui entrent, mais…
elle baisse la voix avant de dire,
—ils ne sortent pas.
C'est pourquoi les gens ne
demandent pas ce qui se passe
à l'intérieur.

Je ne sais pas quoi dire. Dans
cet endroit se trouvent les
réponses que je recherche : des
informations sur mon identité
et ma famille.

Mais je ne suis pas sûr qu'entrer
sans invitation soit une bonne
idée. *Devrais-je sonner ? Ou
prendre rendez-vous avec le
patron ?*

Valentina me touche
légèrement la main et sourit
nerveusement. Un frisson
parcourt mon corps tout entier ;
un curieux mélange d'excitation
et de peur.
—Allez, il y a un café à côté de
la mairie. On prend un café ?

"And…?" Yuki repeats.
"And the truth is that…" says
Valentina looking around us.
"The truth is that there are
people who enter, but," she
lowers her voice before saying,
"don't come out."
"That's why people don't ask
what's going on inside."

I don't know what to say. Inside
this place are the answers I'm
looking for: information about
my identity and my family.

But I'm not sure walking in
uninvited is a good idea.
"Should I ring the bell? Or
make an appointment with the
boss?"

Valentina touches my hand
lightly and smiles nervously. A
chill runs through my whole
body; a curious mix of
excitement and fear.

"Come on, there's a café next to
the town hall. Let's have a
coffee?"

Nous descendons la rue et nous trouvons un café au centre de la place principale de la ville. La mairie est d'un côté, et l'église

5 est de l'autre.

We go down the street and find a café in the centre of the town's main square. The town hall is on one side and the church is on the other.

Je vois des enfants avec des instruments de musique entrer dans l'église pendant que le

10 prêtre les attend à la porte.

I see children with musical instruments entering the church while the priest is waiting for them at the door.

Il nous regarde avec suspicion, mais quand il voit Yuki, il fait un signe de la main.

15 —Il s'appelle Bondieu, dit Yuki.
—Qui ? je lui demande.
—Le prêtre. Quel nom approprié, non ?

20

He looks at us suspiciously, but when he sees Yuki, he waves.

"He's called Bondieu," says Yuki.
"Who?" I ask her.
"The priest. A fitting name, right?"

Nous nous asseyons sur la place. Je demande de l'eau parce que je n'ai plus envie de café. J'ai un peu le vertige.

25 Yuki ne s'assoit pas avec nous ; elle continue de regarder la cheminée de La Cassole.
J'ai peur qu'elle l'escalade.

We sit in the square. I ask for water because I don't want more coffee. I'm feeling a little dizzy. Yuki doesn't sit with us; she continues looking at the chimney of La Cassole.
I'm worried that she's going to climb it up.

30 Le serveur est un homme qui a la cinquantaine. Il porte un pantalon noir et une chemise blanche.

The waiter is a man in his fifties. He wears black trousers and a white shirt.

Il m'apporte un verre d'eau et
demande : —Autre chose ?
Je le regarde et demande :
—Vous connaissez le
5   propriétaire de La Cassole ?

Il me fixe.
—Tu es intéressé par La
Cassole, petit ? Alors, tu
10   préfères la version courte ou la
longue ?

—Les gros titres feront
l'affaire, s'il vous plaît, je lui
15   dis.
Le serveur regarde les autres
clients, ils boivent tous et
discutent. Il se rapproche de
nous.
20
—Le bâtiment est un ancien
monastère. Un groupe
d'espagnols est venu ici il y a
de nombreuses années. Puis,
25   pendant la guerre d'Algérie en
1954, il a été transformé en
baraques et, après la guerre, en
coopérative d'huile. Mon
grand-père y a travaillé pendant
30   de nombreuses années.

He brings me a glass of water
and asks, "Anything else?"
I look at him and ask: "Do you
know the owner of La
Cassole?"

He stares at me.
"You're interested in La
Cassole are you, son? Well, do
you want the short story or the
long one?"

"The headlines will do, please,"
I tell him.

The waiter looks at the other
customers, they all drink and
are chatting. He moves closer
to us.

"The building is an old
monastery. A group of
Spaniards came here many
years ago. Then, in the
Algerian civil war in 1954, it
was converted into barracks
and, after the war, into an oil
cooperative. My grandfather
worked there for many years."

Je le regarde sans savoir si c'était la version longue ou courte.

—Mais, mon petit, maintenant il n'y a plus de bonnes personnes là-bas, tu sais ?

Je me demande si je devrais lui dire la vérité : que je veux entrer à La Cassole parce que je suis perdu en France, sans nom de famille ni identité, et que je pense que les réponses dont j'ai besoin sont là.

Mais au lieu de lui dire tout ça, je sors mon portefeuille et lui montre la photo de « Lorena ».

L'homme prend la photo et plisse les yeux. Il sort une paire de lunettes aux verres épais.

Il jette un œil sur la photo et me regarde.

—C'est une jolie fille, il me dit, —mais je ne la connais pas. Qui est-ce ?

I look at him not knowing if that was the long or short story.

"But, son, now there aren't any good people there any more, you know?"

I wonder if I should tell him the truth: that I want to enter La Cassole because I am lost in France without a last name or identity, and that I believe that the answers I need are there.

But instead of telling him all that, I take out my wallet and show him the photo of 'Lorena.'

The man takes the photo and narrows his eyes. He pulls out a pair of glasses with thick lenses.

He looks at the photo and he looks at me.

"She's a pretty girl," he says to me, "but I don't know her. Who is she?"

C'est ce dont je voulais que tu me renseignes, je me dis.

Je suis déçu, mais je ne pensais vraiment pas découvrir la vérité aussi facilement. Cela va clairement être difficile.

Le serveur retourne la photo et regarde attentivement l'inscription.
—Lorena, c'est ce qui est écrit, monsieur, je lui dis.
—Vous connaissez le nom ? je demande avec enthousiasme.

Il me regarde à nouveau.
—Lorena ?
—Oui... Lorena, je répète.

Au final, il me regarde et secoue la tête.
—Non, je ne pense pas que ce soit « Lorena » mon petit. Il me semble qu'il est écrit : « La Reine », mais je ne pense pas qu'il y ait de reine dans cette forteresse... Je ne connais que trois reines : celle d'Angleterre, celle d'Espagne et celle de *Bohemian Rhapsody*, et il se met à rire, tout seul, de bon cœur.

It's what I wanted you to tell me, I say to myself.

I'm disappointed, but I really didn't think I would find out the truth so easily. It's clearly going to be difficult.

The waiter turns the photo over and looks closely at the inscription.
"Lorena, is what it says, sir," I tell him. "Do you know the name?" I ask him excitedly.

He looks at me again.
"Lorena?"
"Yes… Lorena," I repeat.

Finally, he looks at me and shakes his head.
"No, I don't think it's 'Lorena', son. I think it says: 'The Queen', but I don't think there is any queen in that fortress... I only know three queens: the one from England, the one from Spain, and the one from Bohemian Rhapsody—and he starts laughing, all by himself, heartily.

Je regarde Valentina qui
soupire et détourne le regard,
mais Yuki, elle, en revanche,
rit.

5

À ce moment une voiture nous
dépasse. Une voiture verte.
Surpris, je la regarde avec
intérêt. C'est la même que celle
10   qui m'a percuté. Elle a une
bosse identique sur le capot.

Je la regarde en plissant les
yeux et, à travers le reflet du
15   soleil, je vois le passager.

C'est Hassan.

I look at Valentina who sighs
and looks away, but Yuki on
the other hand, does laugh.

At that moment a car passes us.
A green car.
Surprised, I look at it with
interest. It's the same as the one
that hit me. It even has the
same dent in the bonnet.

I look at it narrowing my eyes
and, through the reflection of
the sun, I see the passenger.

It's Hassan.

CHAPTER 4

L'initiative de Yuki

La voiture verte s'approche du
portail. Je me lève, stupéfait.

« Pourquoi est-ce que Hassan -
5 mon ami, mon colocataire - est
dans la voiture qui m'a
percuté ? Pourquoi est-ce qu'il
va à La Cassole ? Et qui est le
chauffeur ? Je ne l'ai pas vu,
10 mais *je dois* le découvrir. »

On entend un grincement, et le
portail de La Cassole
commence à s'ouvrir.
15
« Qu'est-ce qu'il fait ? », je me
demande. Si c'est la même
voiture, et je suis sûr que c'est
le cas, le chauffeur est celui qui
20 a essayé de me tuer. Hassan
est-il en danger ?

Il n'y a aucun doute, les
réponses que je cherche se
25 trouvent dans La Cassole. Et
maintenant, mon ami est à
l'intérieur aussi. Je ressens une
forte envie d'entrer, mais j'ai
peur et je ne peux pas bouger,
30 comme dans mon rêve.

The green car approaches the
gate. I get up, stunned.

'Why is Hassan - my friend,
my roommate - in the car that
hit me? Why does he go to La
Cassole? And who is the
driver? I didn't see him but *I
have* to find out.'

There is a creak and the gate of
La Cassole begins to open.

'What is he doing?' I wonder.
If it's the same car, and I'm sure
it is, then the driver is the one
who tried to kill me. 'Is Hassan
in danger?'

Without a doubt, the answers I
seek are hidden in La Cassole.
And now my friend is in there
too. I feel a strong urge to go
inside, but I am afraid and can't
move, just like in my dream.

Dès que la voiture entre et que le portail commence à se fermer, je vois quelqu'un courir dans l'allée vers La Cassole.

5 « Yuki ! ». La porte se referme lentement et je regarde avec horreur Yuki se glisser à l'intérieur.

10 —Que fait Yuki ? Elle est folle ? je dis désespérément. Valentina me regarde puis se retourne et voit que le portail se ferme.

15

—Ce n'est pas possible ! elle me dit. Dis-moi que Yuki n'y est pas entrée toute seule !

20 Je souspire. Mon cœur bat à toute vitesse.

—J'ai bien peur que si, je réponds. Et tu as vu que Hassan 25 était dans la voiture verte ? Nous devons faire quelque chose, maintenant…

—Ah bon ?! Mais le monde est 30 devenu fou ? Nous *ne pouvons pas* y entrer, elle me dit pendant que je paye l'addition.

As soon as the car enters and as the gate begins to close, I see someone running up the alley towards La Cassole. 'Yuki!' The gate closes slowly and I watch in horror as Yuki slips inside.

"What is Yuki doing? Is she crazy?" I say desperately. Valentina looks at me and then turns to see the gate closing.

"It's not possible!" She says to me. "Tell me Yuki didn't go in there alone!"

I sigh. My heart is thumping like mad.

"I'm afraid so," I reply. "And did you see that Hassan was in the green car? We have to do something *now*..."

"No?! But has the world gone crazy? We *can't* go in there," she tells me as I pay the bill.

Je sens l'adrénaline monter
dans mon corps.

—Valentina, nous devons y
entrer.
—C'est de la folie, Sam. Et de
toute façon, nous ne pouvons
pas grimper par-dessus le
portail. C'est trop haut et ils
vont nous voir.

Valentina se lève. Moi aussi.
—Nous devons faire quelque
chose, je dis à voix basse.

Nous traversons la place et
nous entrons dans l'allée pour
examiner le portail. Alors que
nous nous approchons, je sens
une boule d'anxiété dans ma
gorge et l'adrénaline couler
dans mes veines.

C'est un grand portail, large et
métallique. Ça me rappelle le
pont-levis d'un château.
À l'intérieur, j'entends des
chiens aboyer comme des fous
et je sens une goutte de sueur
froide couler sur mon front.

I feel adrenaline rush through
my body.

"Valentina, we have to go
inside."
"This is crazy, Sam. And,
besides, we can't climb the
gate. It's too high and they're
going to see us."

Valentina gets up. So do I. "We
have to do something," I say
quietly.

We cross the square and enter
the alley to get a good look at
the gate. As we approach, I feel
a lump of anxiety in my throat
and adrenaline coursing
through my veins.

It is a tall, wide, metallic gate.
It reminds me of the
drawbridge of a castle.
Inside I hear dogs barking
wildly and I feel a drop of cold
sweat running down my
forehead.

Il fait une chaleur d'enfer, et je
suis vraiment inquiet pour
Yuki, et pour Hassan aussi.
« Qu'est-ce qui se passe
aujourd'hui ? »

—Sam, tu pourrais me faire la
courte échelle, dit Valentina
avec incertitude. Elle est devant
moi en train d'inspecter le
portail. Les chiens continuent
d'aboyer. —Je peux grimper et
entrer.

—*Me faire la courte échelle* ?
Qu'est-ce que ça veut dire.
—Ça veut dire aide-moi à
grimper, répond Valentina en
levant les bras.

—Mais tu es folle ? je dis un
peu plus sèchement que je ne le
voulais. Et qu'est-ce que tu vas
faire si tu y entres ? Tu vas
lutter avec ces chiens fous et les
gangsters ?
Elle se retourne et me lance un
regard noir.
—Nos amis sont à l'intérieur.
Tu m'as dit qu'on devait faire
quelque chose. Qu'est-ce que tu
proposes, beau gosse ?

It's hot as hell and I'm really
worried about Yuki, and
Hassan too.
"What is going on today?"

"Sam, you could give me a
bunk up," Valentina says
uncertainly. She is ahead of me
inspecting the gate.
The dogs keep barking. "I can
climb up and go in.

"Give me a *bunk up*? What's
that?"
"It means lift me up," Valentina
answers, raising her arms.

"But are you crazy?" I say
more sharply than I'd intended.
And what are you going to do if
you get in? Are you going to
wrestle with the mad dogs and
gangsters?
She turns and glares at me.

"Our friends are inside. You
told me we had to do
something. What do you
propose, sweetie?"

La sueur coule dans mon dos.
Je sens la chaleur du soleil sur
nous, et le poids des
responsabilités sur mes maigres
5 épaules.

Yuki est en danger à cause de
moi. Je dois faire quelque
chose pour l'aider.
10

Et Hassan est aussi mon ami.
Ou je pense qu'il est mon ami.
—Je vais appeler la police, je
dis finalement. Je raconterai
15 tout à l'agent Victor et il nous
aidera.

Je sors mon téléphone portable.

20 —Et qu'est-ce que tu vas dire ?
Que ton amie a pénétré sans
autorisation dans une propriété
privée ? Non. Je vais appeler
Fernand.
25

Mais avant qu'elle ne puisse
sortir son téléphone, nous
entendons un bruit derrière le
portail et j'ai presque une crise
30 cardiaque.

Sweat trickles down my back. I
feel the heat of the sun on us
and the weight of responsibility
on my skinny shoulders.

Yuki is in danger because of
me. I have to do something to
help her.

And Hassan is my friend as
well. Or I think he's my friend.
"I'm going to call the police," I
say finally. "I'll tell Agent
Victor everything and he'll help
us."

I get out my mobile phone.

"And what are you going to
say? That your friend is
trespassing on private property?
No. I'm going to call Fernand."

But before she can get the
phone out there's a noise behind
the gate and I almost have a
heart attack.

—La porte piétonne, murmure Valentina en signalant la petite porte au centre du portail. —Je pense que quelqu'un l'a ouverte.

J'hésite un instant jusqu'à ce que Valentina me pousse vers la porte. Derrière nous, je vois des gens qui boivent du café et de la bière sur la place. Personne ne nous regarde. Je pousse la petite porte et elle s'ouvre avec un grincement très fort.

Nous nous faufilons à l'intérieur et nous fermons soigneusement la porte. L'enceinte est très vaste. Elle a la forme d'un carré, comme un monastère.

Je vois qu'il y a des champs de blé au-delà des murs. À l'entrée, il y a une zone de sable rouge qui reflète la chaleur - peut-être une zone de stationnement - où se trouvent diverses machines agricoles de la ferme.

"The pedestrian door," Valentina murmurs, pointing to the small door in the centre of the gate. I think someone has opened it.

I hesitate for a moment until Valentina pushes me towards the door. Behind us I see people drinking coffee and beer in the square.
Nobody looks at us. I push the small door and it opens with a very loud creak.

We sneak inside and close the door carefully. The compound is very spacious. It is square-shaped, like a monastery.

I see that there are wheat fields beyond the walls. At the entrance there is an area of red sand that reflects the heat - perhaps a parking lot - where there are various agricultural machines from the farm.

Il y a un tracteur couvert de
poussière, une charrue dont les
dents mordent dans la terre et
les squelettes d'autres machines
5   que je ne reconnais pas.

La voiture verte n'est pas là,
Yuki non plus.

10   Au loin, les chiens aboient
toujours et je me demande s'ils
sont détachés. À droite de
l'entrée, il y a une série de
bâtiments anciens presque
15   abandonnés.

La cheminée est située à
gauche, et au bout de l'entrée il
y a un autre portail.
20
Au-delà, il y a une cour et une
maison à deux étages qui est
très jolie, bien qu'ancienne,
mais elle semble très bien
25   entretenue.

Un grand mur de pierre munie
de fils de fer barbelés
enveloppe l'enceinte. « Très
30   douillet », je pense avec
sarcasme.

There is a dust-covered tractor,
a plough with its teeth biting
into the earth and the skeletons
of other machines that I do not
recognise.

The green car is not there, nor
is Yuki.

In the distance, the dogs are
still barking and I wonder if
they are loose. To the right of
the entrance is a series of old
and almost abandoned
buildings.

The chimney stack is located to
the left, and at the end of the
entrance there is another gate.

Beyond that, there is a
courtyard and a two-story
house that is very pretty,
though old, but it seems very
well looked after.

Around everything is a high
stone wall that has barbed wire
on top. 'Very cozy,' I think
sarcastically.

Derrière nous, les cloches de
l'église sonnent. J'ai
l'impression que quelqu'un
nous regarde depuis la fenêtre
5   de l'église.

« Peut-être que Bondieu veille
sur nous », je pense, quand
soudain les aboiements des
10   chiens me distraient.

J'ai la peur au ventre.

—Regarde.
15   Valentina prend mon bras. Je
vois que Yuki est dans le patio,
marchant vers la maison
comme une voleuse. D'un côté
de la maison, il y a un garage
20   avec une cage à l'intérieur où se
trouvent les chiens.

—Allons-y, je dis à Valentina,
soulagé.
25

Quelque part, un coq chante.
Nous avançons lentement et
furtivement, entre les murs et
les machines pour que personne
30   ne nous voie.

Behind us, the church bells
ring. I get the impression that
someone is watching us from
the church window.

"Maybe Bondieu is watching
over us", I think, when
suddenly the barking dogs
distract me.

I feel fear in my stomach.

"Look."
Valentina grabs my arm. I see
that Yuki is on the patio,
walking towards the house as if
she were a thief. On one side of
the house there is a garage with
a cage inside where the dogs
are.

"Come on," I say to Valentina,
relieved.

Somewhere, a rooster crows.
We move slowly and stealthily,
between the walls and the
machines so that nobody sees
us.

Nous nous approchons du portail de la maison et je vois qu'à l'intérieur, le patio a des arbres fruitiers et une fontaine au centre. On dirait l'entrée d'un domaine de millionnaire. En revanche, les bâtiments à droite sont presque abandonnés.

À ce moment-là, j'entends une porte s'ouvrir, et je vois Yuki se précipiter dans la maison pendant que les aboiements des chiens se font plus intenses.

—Je pense que quelqu'un approche, me dit Valentina. Nous devons nous cacher.

« Que faisons-nous ici », je me demande alors que Valentina essaie d'ouvrir la porte de l'un des vieux bâtiments.

—Ils vont nous trouver, je dis avec de l'anxiété dans la voix. —Viens, on peut entrer par ici, elle répond.

Nous entrons dans l'un des bâtiments abandonnés.

We approach the gate of the house and I see that inside, the patio has fruit trees and a fountain in the centre. It looks like the entrance to a millionaire's estate. In contrast, the buildings to the right are almost abandoned.

At that moment I hear a door opening, and I see Yuki darting into the house while the barking of the dogs becomes more intense.

"I think someone's coming," Valentina tells me. "We have to hide."

'What are we doing here,' I wonder as Valentina tries to open the door of one of the old buildings.

"They're going to find us," I say with anxiety in my voice. "Come on, we can enter through here," she answers.

We enter one of the abandoned buildings.

Alors que mes yeux s'habituent à l'obscurité, je vois que c'est une sorte de garage. Mais les voitures à l'intérieur ne sont pas des Citroëns.

Ce ne sont pas non plus des voitures normales. Ce sont tous des véhicules de luxe.
—Est-ce qu'Albert a une entreprise de limousines ? je murmure à Valentina.

Elle secoue la tête et fait remarquer que les voitures n'ont pas de plaques d'immatriculation.

—Elles sont toutes volées, Sam. Je pense qu'il les vend à la mafia russe.
Je la regarde à nouveau avec stupeur en me demandant si elle m'avait transformé en James Bond.

—La mafia russe ? Comment tu le sais ?
—Dans la région, tout le monde est au courant. C'est un secret de polichinelle. Suis-moi. Il y a une porte là-bas.

As my eyes adjust to the darkness, I see that it's some kind of garage. But the cars inside are not Citroëns.

They are not normal cars either. They are all luxury vehicles.

“Does Albert have a limousine company?” I murmur to Valentina.

She shakes her head and points out that the cars don't have license plates.

“They're stolen, Sam. I think he sells them to the Russian mafia.”
I look at her in shock again, wondering if she had turned me into James Bond.

“The Russian mafia? How do you know?”
“In the region, everyone knows. It is an open secret. Follow me. There is a door over there.”

Je la suis et, du garage, nous
allons dans une autre pièce.
Elle ressemble à un salon, mais
presque tout est couvert de
5 poussière. Il y a un canapé et
quelques fauteuils au centre. Ils
sont sales.
Au centre de la pièce, il y a une
table, et d'un côté il y a des
10 étagères avec des livres dessus.
Je me rapproche des étagères.

Il y a des photos de personnes
15 que, à première vue, je ne
reconnais pas, sauf Albert. Sur
les photos, il est avec plusieurs
personnes : deux personnes
âgées (ses parents ?), l'agent
20 Victor !, le prêtre…
Apparement, Albert a des amis
à Toulouse.

Bien qu'elle soit sale, la pièce
25 est lumineuse. Il y a de grandes
fenêtres des deux côtés.

Je m'approche des fenêtres et
j'observe le reste de l'enceinte.
30 Je vois que la voiture verte est
garée à gauche de la cour. Je
regarde la maison et les autres
bâtiments. Il n'y a personne.

I follow her and, from the
garage, we go into another
room. It looks like a living
room, but almost everything is
covered in dust. There is a sofa
and some armchairs in the
centre. They are dirty.
In the centre of the room there
is a table, and to one side there
are some shelves with some
books on top. I go over to the
shelves.

There are photos of people I
don't recognise at first, except
Albert. In the photos he is with
several people: two older
people (his parents?), Agent
Victor!, the priest…

Apparently, Albert does have
friends in Toulouse.

Although it is dirty, the room is
bright. There are large windows
on both sides.

I go the window and look at the
rest of the compound. I see that
the green car is parked to the
left of the yard. I look at the
house and the other buildings.
There's no one there.

La vérité est que c'est un bel endroit. Je peux imaginer à quoi ressemblait le monastère il y a plusieurs années.

5

Je ne pense pas que les bâtiments aient beaucoup changé, à l'exception d'une piscine vide au centre de la

10 cour.

Il y a un long tuyau posé sur le bord de la piscine. Je me demande s'ils vont la remplir à

15 un certain moment. Je me tiens devant la fenêtre et j'imagine avoir une propriété comme celle-ci.

20 Je pourrais passer mes journées à me détendre au bord de la piscine (que je remplirais d'eau très fraîche) et à organiser des fêtes avec des amis.

25

—C'est joli, dit Valentina pensivement. —J'aimerais avoir une maison comme ça, tu sais, Sam ? Au rez-de-chaussée, il y

30 aurait la salle à manger, le salon et la cuisine, et à l'étage, les chambres.

The truth is that it's a beautiful place. I can imagine what the monastery was like many years ago.

I don't think the buildings have changed much, except that there is an empty swimming pool in the centre of the courtyard.

There is a long hose lying on the edge of the pool. I wonder if they will fill it at some point. I stand in front of the window and imagine having an estate like this.

I could spend my days lounging by the pool (which I would fill with really cool water) and throwing parties with friends.

"It's pretty," Valentina says thoughtfully. "I wish I had a house like this, you know, Sam? Downstairs I'd have the dining room, living room, and kitchen, and upstairs the bedrooms."

Je la regarde dans les yeux en essayant de comprendre à quoi elle pense.

5 —Est-ce que je peux te dire quelque chose de bizarre, Sam ?
J'hésite un instant avant de répondre : —Bien sûr…
10 —J'ai peur… Elle me prend la main, —mais je m'en fous…

Je comprends ce qu'elle veut dire. D'un côté, je veux sortir
15 d'ici et parler à mon père ; de l'autre, je suis heureux d'être avec elle. Avant que je puisse répondre, Valentina m'embrasse.
20
Le baiser me coupe le souffle et mon corps entier vibre d'excitation. Je ne peux pas le comprendre. « Nous sommes
25 en danger et elle choisit ce moment pour m'embrasser ? Mais je ne vais pas me plaindre… ».

30 Quand elle s'éloigne enfin, je suis sans voix.

I look into her eyes trying to figure out what she's thinking.

"Can I tell you something weird, Sam?"

I hesitate for a moment before answering: "Sure…"
"I'm scared…" She takes my hand, "but I don't care…"

I understand what she means. On the one hand, I want to get out of here and speak to my father; on the other, I'm happy to be with her. Before I can answer, Valentina kisses me.

The kiss takes my breath away and my entire body buzzes with excitement. I can't understand it. 'We are in danger and she chooses this moment to kiss me? But I'm not going to complain…'

When she finally pulls away, I'm speechless.

Je suis heureux comme un roi,
mais je suis aussi conscient que
nous sommes dans la maison
d'un gangster psychopathe.

5

Alors que j'essaie de dire
quelque chose, il y a une forte
détonation.

10 Soudain, les chiens
recommencent à aboyer dehors
et nous entendons des pas à
l'étage. Au même moment, une
autre voiture arrive, un SUV, et
15 Albert en sort avec son fils Ivan
portant sa trompette.

J'ai l'impression qu'une armée
vient de lancer une attaque, et
20 nous sommes au milieu du
champ de bataille !

I'm happy as hell, but I'm also
aware that we're in the house of
a psycho gangster.

As I try to say something, there
is a loud bang.

Suddenly the dogs start barking
again outside and we hear
footsteps upstairs. At that same
moment another car arrives, an
SUV, and Albert gets out of it
with his son Ivan carrying his
trumpet.

I get the impression that an
army has just launched an
attack and we are in the middle
of the battlefield!

CHAPTER 5

Albert s'énerve

—Nous devons nous cacher ! je
dis à Valentina. Il n'y a nulle
part où se cacher dans le salon,
mais il y a une porte ouverte de
l'autre côté de la pièce. J'y vais
et je trouve une petite pièce ;
c'est une sorte de réserve,
pleine de meubles, de cartons,
de livres et, ce que je vois, c'est
un énorme bazar dans toute la
pièce.

Valentina me suit et nous nous
cachons derrière des cartons. Il
y a une petite fenêtre à travers
laquelle on peut voir qu'Albert
est dans le patio.

Il crie quelque chose que je ne
comprends pas et ouvre la cage
où les chiens aboyaient. Je
reconnais Zizou, le caniche
d'Ivan, qui salue son
propriétaire avec enthousiasme.

Les deux autres chiens sont des
bergers allemands et ils ne
semblent pas sympas du tout.
Ils regardent Albert, qui leur
donne de l'eau et leur lance
quelque chose à manger.

"We have to hide!" I say to
Valentina. There is nowhere to
hide in the living room, but
there is an open door on the
other side of the room. I go
there and find a small room ;
it's a kind of storage room, full
of furniture, boxes, books and,
from what I can see, a giant
mess all over the room.

Valentina follows me and we
hide behind some boxes. There
is a small window through
which we can see that Albert is
on the patio.

He yells something I don't
understand and opens the cage
where the dogs were barking. I
recognise Zizou, Ivan's poodle,
who greets his owner
enthusiastically.

The other two dogs are German
Shepherds and they don't seem
friendly at all. They look at
Albert, who gives them water
and throws them something to
eat.

Ils boivent et ils mangent, mais en même temps ils veillent autour d'eux.

5 J'ai l'impression que ces chiens savent que nous sommes là.

Je me rends compte que je respire très vite. Nous ne 10 pourrons pas sortir d'ici facilement et je n'ai pas envie d'expliquer à Albert -ou à ses chiens- pourquoi nous sommes chez lui.
15

Valentina me prend par le bras. Au début, je pense qu'elle veut encore m'embrasser, mais une seconde plus tard, je vois deux 20 silhouettes entrer dans la pièce.

J'ai le souffle court.
Un instant plus tard, je reconnais les longs cheveux 25 ondulés d'Hassan et le crâne rasé de Fernand. Mais avant que je ne puisse décider quoi faire, ils sortent dans le patio avec Albert.
30

Sans hesiter, les chiens se mettent en alerte et aboient de nouveau.

They drink and eat, but at the same time they keep watch around them.

I get the impression that the dogs know that we are here.

I realise that I am breathing very fast. We won't be able to get out of here easily and I don't feel like explaining to Albert -or his dogs- why we are in his house.

Valentina takes my arm. At first, I think she wants to kiss me again, but a second later, I see two figures walking into the room.

I can't breathe.
A moment later I recognise Hassan's long, wavy hair, and Fernand's shaved head. But before I can decide what to do, they go out to the patio with Albert.

Without hesitation, the dogs go on alert and bark again.

Je ressens une énorme angoisse dans mes tripes.

Je ne sais pas si Hassan travaille avec Albert et Fernand, ou s'il est en danger. J'ouvre la fenêtre avec précaution pour mieux entendre.

—Qu'est-ce que tu fais ici ? demande Albert. Tu viens chercher du travail à la ferme ?
—Non, patron. C'est juste que j'ai laissé des papiers ici. Je l'ai déjà expliqué à Fernand.

Albert s'approche d'Hassan. Les bergers allemands grognent et regardent Hassan avec fureur dans les yeux. Zizou aboie comme un fou.

—Tu ne peux pas venir ici quand tu le veux, tu comprends ? dit Albert, faisant taire Zizou d'une main.

—Oui patron. Mais je ne peux rien faire sans mes papiers et j'étais au commissariat il y a quelques jours en train d'être interrogé par la police...

I feel tremendous anxiety in my guts.

I don't know if Hassan works with Albert and Fernand, or if he is in danger. Carefully, I open the window to hear better.

"What are you doing here?" asks Albert. "Are you coming to look for work on the farm?"
"No, boss. It's just that I left some papers here. I have already explained it to Fernand."
Albert approaches Hassan. The German Shepherds growl and look at Hassan with fury in their eyes. Zizou barks like crazy.

"You can't just come here whenever you want, you understand?" says Albert, silencing Zizou with one hand.

"Yes boss. But I can't do anything without my papers and I was at the police station a few days ago being questioned by the police..."

—Ils t'ont posé quelles
questions ? demande
agressivement Albert, son
visage à quelques centimètres
de celui d'Hassan.

—Ce n'était rien. Quelqu'un a
volé le sac d'une touriste russe.
Rien d'important, patron.

Albert le regarde attentivement.
Ma chemise est trempée de
sueur. Au bout d'un long
moment, Albert se retourne et
dit à Ivan : —Laisse-le prendre
ses papiers, fiston. Et prends
cet idiot de chien avec toi.

—Je vais avec eux ? demande
Fernand, mais Albert secoue la
tête.
—Toi… tu restes ici.
Valentina me regarde avec des
grands yeux et je comprends
immédiatement pourquoi.

Les bergers allemands
s'approchent de Fernand. Je fais
un effort pour écouter les deux
hommes.

"What questions did they ask
you?" Albert asks aggressively,
his face a few centimetres from
Hassan's.

"It was nothing. Someone stole
a Russian tourist's bag. Nothing
important, boss."

Albert looks at him closely. My
shirt is soaked with sweat.
After a long moment, Albert
turns around and says to Iván,
"Let him get his papers, son.
And take this idiot dog with
you."

"Should I go with them?"
Fernand asks, but Albert shakes
his head.
"You… you stay here."
Valentina looks at me with big
eyes and I understand why
immediately.

The German shepherds
approach Fernand. I make an
effort to listen to the two men.

—Tu as échoué dans ta mission hier, Fernand, dit Albert en sortant une cigarette et en l'allumant avec un briquet argenté. Je t'ai dit que tu devais arrêter *l'Anglais* et tu as failli tuer le *Français*… Maintenant nous avons un grand ménage à faire.

Un frisson me parcourt le dos. Entendre la voix rauque d'Albert me glace le sang et, pire encore, je ne comprends pas très bien ce qu'il dit.

Évidemment, je suis « l'Anglais » et il veut me faire du mal, mais pourquoi est-ce qu'il veut « m'arrêter » ?

Pendant ce temps, j'essaie de digérer tout ce qu'il a dit. J'entends Valentina respirer d'effroi.

Dans le patio, je vois qu'Albert a frappé Fernand, et maintenant Fernand est au sol en regardant le gangster et en se protégeant le visage avec les mains.

“You failed in your mission yesterday, Fernand,” Albert says, taking out a cigarette and lighting it with a silver lighter. I told you that you had to stop the *English* boy and you almost killed the *French* guy… Now we have a big mess to clear up.”

A chill runs down my spine. Hearing Albert's rough voice chills my blood and, even worse, I don't quite understand what he's saying.

Obviously, I am 'the English boy' and he wants to hurt me, but why does he want to 'stop' me?

Meanwhile, I try to digest everything he's said. I hear the fear in Valentina's breathing.

On the patio, I see that Albert has hit Fernand, and now Fernand is on the ground looking up at the gangster with his hands protecting his face.

—Patron ! supplie Fernand, je
n'échouerai plus ! Je comprends
que cet étranger met en danger
nos opérations. Je vais tout
régler, je le jure !

Albert tire une bouffée de sa
cigarette et dit : — Je crois que
tu ne comprends rien, fiston.
Si ce foutu étranger découvre
son identité, non seulement il
va ruiner nos opérations
spéciales, mais nous allons
aussi aller directement en
prison. Bon sang ! Tu le sais ?

Albert se penche, lève à
nouveau le poing et donne un
coup féroce à Fernand, qui
gémit sur le patio.
Valentina pousse un hurlement
et pendant un instant je pense
qu'Albert va l'entendre. Mais
avec les chiens qui aboient et
Fernand implorant la pitié, le
gangster n'entend rien.

—Va à la grange, ordonne
Albert.
—Mais, patron, s'il vous plaît,
implore Fernand. Je n'échouerai
plus.

"Boss!" Fernand pleads, "I
won't fail again! I understand
that this foreigner puts our
operations at risk. I'm going to
fix everything, I swear!"

Albert puffs on his cigarette
and says: "I don't think you
understand anything, son." If
that damn foreigner finds out
his own identity, he's not only
going to screw up our special
ops, but we're also going to go
straight to jail. Damn it! You
know that?

Albert bends over, raising his
fist again and gives a ferocious
blow to Fernand, who is
moaning on the patio.
Valentina lets out a howl and
for a moment I think Albert is
going to hear her. But with the
dogs barking and Fernand
begging for mercy, the gangster
doesn't hear anything.

"Go to the barn," orders Albert.

"But, boss, please," Fernand
pleads. "I won't fail again."

—À la grange. Maintenant !
répète Albert en jetant sa
cigarette par terre.

5 Nous regardons avec horreur
Albert traîner Fernand jusqu'à
la grange.
Je ne sais pas ce qu'il va lui
faire - en vérité, je ne sais
10 même pas ce qu'est la grange -
mais je ne pense pas que ce soit
une bonne chose.

Valentina se lève et pousse la
15 porte pour aller aider son frère,
mais je parviens à l'arrêter à
temps.

—Laisse-moi partir ! elle dit en
20 serrant les dents. Elle me
regarde comme un chat en
colère, mais je ne la laisse pas
partir.
—Valentina ! Tu as raison :
25 nous devons faire quelque
chose pour aider ton frère. Mais
nous ne parviendrons à rien s'ils
nous tuent !

30 C'est vrai : peu importe que
Fernand soit un criminel, ou
qu'il nous ait attaqué mon oncle
et moi la nuit dernière.

"To the barn. *Now!*" Albert
repeats, throwing his cigarette
to the ground.

We watch in horror as Albert
drags Fernand towards the
barn.
I don't know what he's going to
do with him -in truth, I don't
even know what the barn is-
but I don't think it's a good
thing.

Valentina gets up and pushes
the door to go and help her
brother, but I manage to stop
her in time.

"Let me go!" she says through
gritted teeth. She looks at me
like an angry cat, but I don't let
go.

"Valentina! You're right: we
have to do something to help
your brother. But we're not
going to achieve anything if
they kill us."

It's true: it doesn't matter that
Fernand is a criminal, or that he
attacked my uncle and me last
night.

Il est quelqu'un d'important
pour Valentina, donc il est
quelqu'un d'important pour
moi.

5

Nous quittons la pièce et
traversons un couloir étroit qui
mène au grand entrepôt derrière
la maison.

10

Ce doit être la grange car
j'entends les supplications
désespérées de Fernand et la
voix rauque et menaçante

15 d'Albert.

Je ne sais pas ce qu'ils disent,
mais Albert est furieux.

20 Je regarde Valentina et elle me
regarde. « Qu'est-ce qu'on fait ?
Comment est-ce que nous
pouvons sauver Fernand ? »

25 Je me souviens soudain que
nous ne savons pas où est Yuki.

Quel bazar !

30 À ce moment la porte de la
grange s'ouvre.

He is someone important to
Valentina, so he is someone
important to me.

We leave the room and go
through a narrow corridor that
leads to the large warehouse
behind the house.

It must be the barn because I
can hear Fernand's desperate
pleas, and Albert's hoarse and
threatening voice.

I don't know what they're
saying, but Albert is furious.

I look at Valentina and she
looks at me. "What do we do?
How can we rescue Fernand?"

I suddenly remember that we
don't know where Yuki is.

What a mess!

At that moment the barn door
opens.

Valentina et moi, nous nous appuyons contre le mur du couloir et nous voyons Albert refermer la porte derrière lui.

5

—Je vais chercher mon pistolet… il murmure entre ses dents. Je vais tous vous enterrer.

Valentina and I press against the hallway wall and see Albert closing the door behind him.

"I'm going to get my gun…" he mutters under his breath. "I'm going to bury you all."

CHAPTER 6

Une découverte horrible

Albert passe sans nous voir et entre dans la maison. Sans réfléchir, j'ouvre la porte de la grange. Valentin me suit.

5 L'espace est vaste et les plafonds sont très hauts.

Il y a plusieurs machines et de vieux meubles en bois. Je ne

10 vois aucune fenêtre, donc l'éclairage est assez mauvais. Il n'y a qu'une seule porte, celle par laquelle nous sommes entrés.

15

Nous nous approchons rapidement de Fernand et il nous regarde comme si nous étions des fantômes dans un

20 rêve. Ses mains sont attachées avec un collier de serrage.

—M-M-Mais qu'est-ce que tu fais ici, sœurette… ?

25 —Je pourrais te demander la même chose, Fernand, dit sa sœur, sa voix plus froide que la glace.

30 Elle sort un couteau de poche et libère son frère.

Albert goes by without seeing us and goes into the house. Without thinking, I open the barn door. Valentina follows me in. The place is large and the ceilings are very high.

There are several machines and old wooden furniture. I don't see any windows, so the lighting is pretty bad. There is only one door, through which we entered.

We quickly approach Fernand and he looks at us as if we were ghosts in a dream. His hands are tied with a zip tie.

“B-B-But what are you doing here, sis…?”
“I could ask you the same thing, Fernand,” says his sister, her voice colder than ice.

She pulls out a pocket knife and frees her brother.

—Allez. Tu dois venir avec
nous avant que ton « patron »
ne revienne nous tuer tous, je
lui dis en respirant
5 difficilement.

Fernand se lève péniblement. Il
a du sang sur le visage. Il nous
regarde avec de la confusion
10 dans les yeux. Il est visiblement
surpris de voir sa sœur avec
« l'Anglais ».
—Il n'y a pas de temps pour les
explications, Fer, dit Valentina.
15 Sortons d'ici !

J'ouvre la porte et je vois
qu'Ivan et Zizou sont là, dans la
cour. Nous devons quitter La
20 Cassole, mais nous ne pouvons
pas utiliser le portail. Je ne
connais pas d'autre issue…
J'essaie de réfléchir à une
solution, mais en un clin d'œil,
25 Albert apparaît dans l'allée
entre les immeubles, furieux
comme un volcan en éruption.

Il est avec Hassan, qui a
30 quelque chose dans la main. Il
crie et pointe son pistolet sur la
grange. Je veux rentrer à la
maison.

"Come on. You have to come
with us before your 'boss'
comes back to kill us all," I tell
him, breathing hard.

Fernand stands up with some
effort. He has blood on his
face. He looks at us with
confusion in his eyes.
Clearly, he is surprised to see
his sister with 'the English
boy'. "There is no time for
explanations, Fer," says
Valentina. "Let's get out of
here!"
I open the door and see that
Ivan and Zizou are there, in the
courtyard. We have to leave La
Cassole, but we cannot use the
gate. I don't know any other
way out… I try to think of a
solution, but in the blink of an
eye, Albert appears in the alley
between the buildings, furious
like an erupting volcano.

He is with Hassan, who has
something in his hand. He is
yelling and pointing his gun at
the barn. I want to go home.

Je me demande si la police va
venir si Albert tire, mais je me
souviens que malheureusement,
ici à la campagne il y a
5   beaucoup de chasseurs, donc le
bruit des coups de feu n'est pas
inhabituel dans cette région.

Je sors mon téléphone pour
10   appeler la police… Je n'ai pas
de réseau !
« Il va nous tuer à coup sûr »,
je conclus. Je regarde le visage
effrayé de Fernand et je réalise
15   qu'il pense la même chose.

Je continue à transpirer. J'halète
comme un chien et Albert vient
vers nous avec son pistolet.
20   Valentina est sur le point de
pleurer ; son frère Fernand est
confus et perdu.
—N'abandonnez pas ! dit
Valentina, sa voix désespérée.
25   Nous allons sortir d'ici !

Je regarde Valentina et sens
mon cœur battre de nouveau. Je
suis submergé par un sentiment
30   intense de peur et d'amour à la
fois. Je suis dans la pire
situation avec la meilleure
personne.

I wonder if the police are going
to come if Albert shoots, but I
remember that, unfortunately,
there are a lot of hunters here in
the countryside, so the sound of
gunshots is not uncommon in
this area.

I take out my phone to call the
police… I don't have any
network!
'He's going to kill us for sure,'
I decide. I look at Fernand's
scared face and realise that he
is thinking the same thing.

I continue sweating. I'm
panting like a dog and Albert
comes at us with his gun.
Valentina is about to cry; her
brother Fernand is confused
and lost.
"Don't give up!" Valentina
says, her voice desperate.
"We'll get out of here!"

I look at Valentina and feel my
heart pounding again. I am
overwhelmed by an intense
feeling of fear and love at the
same time. I'm in the worst
situation with the best person.

J'ai peur de ce qu'Albert va
nous faire, mais le désir de
sortir vivant d'ici avec
Valentina me donne du
5 courage.

Je décide que nous allons sortir
d'ici, d'une manière ou d'une
autre.
10 Mes yeux se sont habitués à
l'obscurité et je vois qu'il y a
une porte de l'autre côté de la
grange.

15 Elle donne probablement sur
les champs secs de Folcarde. Je
cours vers cette porte, mais
pendant que j'essaie de l'ouvrir,
Valentina m'appelle à voix
20 basse. —Sam, ne bouge pas...
—Qu'est-ce qui se passe ? je lui
dis, mais à ce moment j'entends
des grognements.

25 Très lentement, je me retourne
et je vois que les bergers
allemands nous ont trouvés. Ils
me regardent avec des yeux
noirs, montrant leurs dents.
30 —Salut les toutous, je dis
nerveusement. Nous sommes
amis ? *Je dois sortir d'ici...*

I'm afraid of what Albert is
going to do to us, but the desire
to get out alive with Valentina
gives me courage.

I decide that we are going to
get out of here, one way or
another.
My eyes have adjusted to the
dark and I see that there is a
door on the other side of the
barn.

It probably overlooks the dry
fields of Folcarde. I run
towards that door, but while I'm
trying to open it, Valentina
calls me in a low voice. "Sam,
don't move..."
"What is it?" I say to her, but at
that moment, I hear growling.

Very slowly I turn and see that
the German shepherds have
found us. They look at me with
dark eyes, baring their teeth.

"Hello doggies," I say
nervously. "Are we friends?" *I
have to get out of here...*

Et je m'approche de la porte où
Valentina m'attend avec son
frère. J'y suis presque quand les
chiens recommencent à aboyer
5 comme des fous.
Un instant plus tard, Albert
franchit la porte de la grange,
pistolet à la main. Il fume une
autre cigarette. Je me demande
10 s'il comprend que fumer des
cigarettes est mauvais pour la
santé. Il pousse Hassan vers
nous.

15 —Celui-ci était en train de
mettre son nez dans le bureau.
Il va rester avec toi, dit Albert
dans un nuage de fumée.
Je suis figé de peur. Soudain, il
20 nous voit dans le noir et secoue
la tête. On peut voir la tension
et la fureur sur son visage.

—Encore plus de visiteurs ?
25 Quoi, vous pensez que c'est une
auberge de jeunesse ? Non, eh
bien, pourquoi êtes-vous venus
ici ? Vous savez que cela aurait
été beaucoup plus facile pour
30 tout le monde si vous étiez
restés à l'écart ? *À l'écart*
l'Anglais ! Bien mieux, loin
d'ici !

And I move towards the door
where Valentina is waiting for
me with her brother. I'm almost
there when the dogs start
barking like crazy again.
A moment later, Albert walks
through the barn door, gun in
hand. He is smoking another
cigarette.
I wonder if he understands that
smoking is bad for your health.
He pushes Hassan towards us.

"This one was sticking his nose
in the office. He's going to stay
with you," Albert says in a puff
of smoke. I am frozen by fear.
Suddenly, he sees us in the dark
and shakes his head.
His face looks tense and
furious.

"More visitors? What, you
think this is a youth hostel? No,
well, why have you guys come
here? Do you know that it
would have been much easier
for everyone if you had stayed
away? *Away*, English boy!
Better off away!"

Il me crie dessus comme si j'étais un idiot. —Mais maintenant je dois me débarrasser de vous, rajoute

5 Albert.
Il lève son pistolet et je pense qu'il va tirer. Je saute devant Valentina pour la protéger et je ferme les yeux.

10

Albert se met à rire.
—Tu penses que tu es un brave chevalier, étranger ? Tu ne l'es pas. Toute cette histoire est

15 de ta faute. Je menais tranquillement mes opérations jusqu'à ce que tu écrives cette lettre…

20 —Une lettre ? je demande sans réfléchir.

Il rit à nouveau. —Haha ! Tu sais très bien de quoi je parle.

25 Je suis à La Cassole depuis longtemps. Je n'ai jamais eu de problèmes avec la police ou avec les voisins. Ils me respectent et me laissent

30 tranquille. Mais soudain, un Anglais arrive et posent des questions qui mettent mes projets en péril.

He yells at me like I'm an idiot. "But now I have to get rid of you", adds Albert.

He raises his gun and I think he's going to shoot. I jump in front of Valentina to protect her and close my eyes.

Albert starts laughing.
"Do you think you are a brave knight, foreigner? You aren't. This whole mess is your fault. I was quietly doing my business until you wrote that letter..."

"Letter?" I ask without thinking.

He laughs again. "Haha! You know very well what I'm talking about. I have been in La Cassole for a long time. I have never had any problems with the police or the neighbors. They respect me and leave in peace. But suddenly an Englishman arrives asking questions that put my plans in jeopardy."

Il va dans un coin de la grange
où il y a des tas de saletés et ce
qui ressemble à un trou.

5   —Tu vois où finissent mes
ennemis, fiston ? dit Albert en
pointant vers les tas de saletés
avec son pistolet.

10   « Y a-t-il des *tombes* ici à La
Cassole ? Ce n'est pas possible.
Cet homme est un meurtrier ! »

—Tu sais à qui est destiné le
15   dernier trou, fiston ? il me
demande en pointant son
pistolet sur mon visage.

—À ta conscience ? je réponds.
20
Maintenant, c'est moi qui suis
en colère. Donc il semble que
j'ai interrompu leurs opérations.

25   Et je peux comprendre
pourquoi il veut me faire du
mal, mais mes amis n'ont rien à
voir avec les opérations
illégales de La Cassole ou
30   d'Albert.

He goes to a corner of the barn
where there are some piles of
dirt and what looks like a hole.

"See where my enemies end
up, son?" Albert says, pointing
to the dirt piles with his gun.

'Are there *graves* here in La
Cassole? It's not possible. This
man is a murderer!"

"Do you know who the last
hole is for, son?" he asks me,
pointing the gun at my face.

"For your conscience?" I reply.

Now I'm the one who's angry.
So it seems that I have
interrupted their business
dealings.

And I can understand why he
wants to hurt me, but my
friends have nothing to do with
La Cassole or Albert's illegal
operations.

—C'est marrant, fiston. Très rigolo. Tu peux faire plus de blagues pendant que tu creuses un autre trou. On dirait qu'on va avoir besoin de…, il dit en pointant et comptant avec son pistolet —…un, deux, trois de plus. D'accord, il nous dit, qui y passe en premier ?

Albert nous regarde avec des yeux obscurs.
« Où est son âme ? »
—Personne ? Eh bien, je vais commencer par l'Arabe. Il attrape Hassan par le cou et le pousse dans le trou.

Albert sort les colliers de serrage de sa poche. Hassan tombe et nous regarde Valentina et moi avec de la terreur dans les yeux. Je ne comprends pas pourquoi il est ici, mais je suis désolé pour lui.

—S'il vous plait, Monsieur. Je n'ai rien fait contre vous. Je veux juste rentrer à la maison. Je ne dirai rien à personne.

"Funny, son. Very funny. You can make more jokes while you dig another hole. Looks like we're going to need…" he says as he points and counts with his gun, "…one, two, three more. Okay, he tells us, who goes first?"

Albert looks at us with dark eyes.
'Where is his soul?'
"No one? Well, I'll start with the Arab." He grabs Hassan by the neck and pushes him into the hole.

Albert takes the zip ties out of his pocket. Hassan falls and looks at Valentina and me with terror in his eyes. I don't understand why he's here, but I feel bad for him.

"Please sir. I haven't done anything against you. I just want to go home. I won't say anything to anyone."

Pendant que je regarde la scène devant moi, j'entends quelque chose, comme un sifflement, mais c'est probablement dans ma tête. En même temps, la veste d'Hassan semble bouger toute seule. Mes yeux et mes oreilles me font mal et le sifflement est assourdissant. Je pense que je perds la tête...

Albert pointe le pistolet vers Hassan et sourit. Je n'arrive pas à croire qu'il va tirer, mais je sais que je dois faire quelque chose.

Soudain, je vois le petit visage de Rémy, le rat d'Hassan. Il sort de la veste. Albert hésite et baisse légèrement le pistolet.

À ce moment, Rémy sort et nous regarde tous. J'ai l'impression qu'Albert a été désorienté lorsqu'il a vu un rat sortir de la veste d'Hassan.

—Je pense qu'il a faim, dit Hassan, assis impuissant sur le sol sale.

As I watch the scene in front of me, I hear something like a whistle, but it's probably in my head. At the same time, Hassan's jacket appears to move by itself. My eyes and ears are hurting and the beeping becomes thunderous. I think I'm losing my mind...

Albert points the gun at Hassan and smiles. I can't believe he's going to shoot, but I know I have to do something.

Suddenly, I see the little face of Rémy, Hassan's rat. He is coming out of the jacket. Albert hesitates and lowers the gun slightly.
At that moment, Rémy comes out and looks at all of us. I get the impression that Albert was disoriented when he saw a rat coming out of Hassan's jacket.

“I think he's hungry,” Hassan says, sitting helplessly on the dirty floor.

Albert regarde le rat et le rat
regarde Albert. Il lève son
pistolet et dit: —Je déteste les
rats, mais avant qu'il ne puisse
5   tirer, Rémy court à la vitesse de
la lumière vers Albert et
remonte la jambe de son
pantalon.

10   Horrifié, le gangster laisse
tomber son pistolet et se met à
couiner comme un petit enfant.
Les bergers allemands sortent
sans rien nous faire. Ils
15   s'enfuient terrifiés. Je ne sais
pas ce qui se passe avec eux.

Dans un moment de lucidité, je
prends la main de Valentina et
20   crie à Hassan et Fernand :
—Allons-y, les gars. Sortons
d'ici tout de suite !

Fernand donne un coup de pied
25   au pistolet qui disparaît dans
l'obscurité et nous laissons
Albert crier et se battre avec le
rat dans la grange.

30   Nous sortons en courant par la
porte d'entrée.

Albert looks at the rat and the
rat looks at Albert. He raises
his gun and says, "I hate rats,"
but before he can fire, Rémy
shoots over at the speed of light
to Albert and up his trouser leg.

Horrified, the gangster drops
his gun and begins to squeal
like a little kid. The German
shepherds run out of the door
without doing anything to us.
They run away terrified. I don't
know what's up with them.

In a moment of lucidity, I grab
Valentina's hand and shout to
Hassan and Fernand, "Let's go,
guys. Let's get out of here
right now!"

Fernand kicks the gun which
disappears into the darkness
and we leave Albert screaming
and fighting with the rat in the
barn.

We run out the front door.

—Nous ne pouvons pas sortir par le portail, explique Fernand. Ce sera verrouillé, mais je pense qu'on peut sortir à travers les champs. Où est passé Ivan ?	"We can't leave through the gate," says Fernand. "It will be locked, but I think we can get out across the fields. Where has Ivan gone?"
Je le regarde à travers les yeux mi-clos et je lui dis : —Je ne te fais pas confiance, Fernand. Tu m'as attaqué hier, mais tu as *échoué* dans ta mission.	I look at him through half-closed eyes and tell him, "I don't trust you, Fernand. You attacked me yesterday, but you *failed* in your mission."
Il me regarde et acquiesce : —J'ai fait beaucoup d'erreurs dans ma vie, Sam, mais je ne veux pas mourir ici aujourd'hui. Je connais Albert et il est complètement dingue. S'il te plait, suis-moi.	He looks at me and nods. "I've made a lot of mistakes in my life, Sam, but I don't want to die here today. I know Albert and he is totally nuts. Please follow me."

—Nous ne pouvons pas sortir
par le portail, explique
Fernand. Ce sera verrouillé,
mais je pense qu'on peut sortir
5 à travers les champs.
Où est passé Ivan ?

Je le regarde à travers les yeux
mi-clos et je lui dis : —Je ne te
10 fais pas confiance, Fernand. Tu
m'as attaqué hier, mais tu as
échoué dans ta mission.

Il me regarde et acquiesce :
15 —J'ai fait beaucoup d'erreurs
dans ma vie, Sam, mais je ne
veux pas mourir ici aujourd'hui.
Je connais Albert et il est
complètement dingue. S'il te
20 plait, suis-moi.
—Et Yuki ? On ne peut pas
sortir sans elle, dit Valentina en
s'arrêtant au bout de la grange.
—Je pense qu'elle est sortie
25 seule, dit Hassan. Et nous
allons appeler la police dès que
nous sortirons d'ici.

Derrière nous, un coup de feu
30 retentit et je sais que Rémy, le
rat d'Hassan, est mort pour
nous sauver.

"We can't leave through the
gate," says Fernand.
"It will be locked, but I think
we can get out across the fields.

Where has Ivan gone?"

I look at him through half-
closed eyes and tell him, "I
don't trust you, Fernand. You
attacked me yesterday, but you
failed in your mission."

He looks at me and nods. "I've
made a lot of mistakes in my
life, Sam, but I don't want to
die here today. I know Albert
and he is totally nuts. Please
follow me."

"And Yuki? We can't go out
without her," Valentina says,
stopping at the end of the barn.
"I think she left on her own,"
Hassan says. "And we're going
to call the police as soon as we
get out of here."

Behind us a shot rings out and I
know that Rémy, Hassan's rat,
has died to save us.

CHAPTER 7

Un incendie

Nous suivons Fernand derrière
la grange. Nous courons sans
nous retourner à travers un
champ de blé qui ressemble à
une mer jaune sans fin. Le blé
sec craque sous nos pieds. Il y a
beaucoup de pierres et je
manque de tomber plusieurs
fois.

Je me sens mal pour Hassan.
Son animal de compagnie a été
très courageux en essayant de
nous sauver, mais maintenant il
est mort.

Nous arrivons à un mur plus
bas que ceux à l'entrée de La
Cassole et sans fil de fer
barbelé en dessus. Nous nous
lançons par-dessus le mur et,
un à un, nous atterrissons dans
un champ de blé très haut et
très sec. Le soleil nous brûle le
dos.

Personne ne parle et j'entends
seulement la respiration
laborieuse de mes amis. Je
veux savoir si Albert nous a
vus, alors je m'étire un peu pour
regarder vers la grange.

We follow Fernand behind the
barn. We run without looking
back through a wheat field,
which seems like an endless
yellow sea. Dry wheat crunches
under our feet. There are many
rocks and I almost fall several
times.

I feel sorry for Hassan. His pet
has been very brave trying to
save us, but now he's dead.

We come to a wall that is lower
than the ones at the entrance to
La Cassole and does not have
barbed wire on top. We launch
ourselves over the wall and,
one by one, we land in a field
of very high and very dry
wheat. The sun burns our
backs.

No one speaks and I only hear
the labored breathing of my
friends. I want to know if
Albert has seen us, so I stretch
a little to look towards the barn.

Au loin, j'aperçois Albert qui
nous regarde mais il n'a pas son
pistolet. Il va dans notre
direction, mais il ne nous voit

5 pas.

In the distance I see Albert
watching, but he doesn't have
his gun. He moves towards us,
but he doesn't see us.

—Vous voulez jouer à cache-
cache ? crie Albert et se
rapproche un peu. Il me voit. Je

10 le regarde et je me fige de
terreur.

"You want to play hide and
seek?" Albert yells and gets a
little closer. He sees me. I look
at him and freeze with terror.

Il veut clairement nous tuer. Je
ne sais pas comment nous

15 allons sortir vivants du champ
de blé. Albert me regarde droit
dans les yeux.

He clearly wants to kill us. I
can't imagine how we're going
to get out of the wheat field
alive. Albert looks me directly
in the eye.

Pendant un moment éternel,

20 nous nous dévisageons. Il me
sourit méchamment et sort
quelque chose de sa poche.

For an endless moment, we
stare at each other. He smirks at
me and pulls something out of
his pocket.

Au début, je ne vois pas ce que

25 c'est. Une autre arme, peut-
être ? Mais un instant plus tard,
je reconnais son briquet argenté
et je sais exactement ce qu'il va
faire.

30

At first I don't see what it is.
Another weapon, perhaps? But
an instant later I recognise his
silver lighter and I know
exactly what he's going to do.

—La saison des incendies,
n'est-ce pas ? je dis à Valentina
à bout de souffle.

"Wildfire season, isn't it?" I say
to Valentina breathlessly.

—Oui. À cause du réchauffement climatique. C'est un gros problème ici chaque année. Valentina a de la boue
5 sur le visage. —Pourquoi ?

Je me relève et Albert regarde directement dans notre direction.
10 —Il va provoquer un incendie. Y a-t-il une voie d'accès à cette ferme ? Nous devons nous éloigner de ces pâturages secs.

15 Fernand nous dit : —Les rues sont trop loin. Ça nous prendra dix minutes pour sortir d'ici et le champ brûlera en quelques secondes.
20

J'essaie de contrôler ma respiration.

Mon rythme cardiaque résonne
25 dans mes oreilles comme le son d'une batterie.
On entend le hurlement troublé d'Albert.

30 —Sortez de là, les enfants, il crie. Je vais tous vous brûler dans dix secondes.

"Yes. Due to global warming. It's a major problem here every year," Valentina has mud on her face. "Why?"

35

I stand up again and Albert looks directly at us.

"He's going to start a fire. Is there an access road to this farm? We have to get away from this dry pasture."

Fernand says to us, "The streets are too far. It'll take us ten minutes to get out of here and the field will burn in seconds."

I try to control my breathing.

My heartbeat sounds like a rock drum in my ears.

We hear Albert's deranged screams.

"Get out of there, kids," he yells. "I'm going to burn you all in ten seconds."

Valentina saisit mon bras et avec de la panique dans la voix, elle murmure : —Nous devons faire ce qu'il dit. Il va nous brûler !

—Dix, crie Albert, neuf, huit...

—Non, sœurette ! l'interrompt Fernand. Il va nous tuer si on sort d'ici. Il y a une cabane en pierre de l'autre côté du champ, là-bas, il signale d'une main tremblante. C'est notre seule option...

—Sept, six…

Je vois la cabane, mais je sais qu'elle est trop loin. Nous n'allons pas y arriver à temps. Je sens mon corps sans énergie, sans force. Je suis épuisé. Je me lève avec une lueur d'espoir dans mon cœur.

—Cinq, quatre, trois, deux, un. Il me regarde et éclate de rire. —C'est fini, les enfants.

Soudain, un silence de mort s'installe. Derrière Albert, une silhouette se déplace.

Valentina grabs my arm and with panic in her voice, she murmurs, "We have to do what he says. He's going to burn us!"

"Ten," Albert shouts, "nine, eight..."
"No sis!" Fernand interrupts. "He's going to kill us if we leave here. There's a stone shack on the other side of the field, there," he points with a shaking hand. "It's our only option..."
"Seven six…"

I see the shack, but I know it's too far. We're not going to make it in time. I feel my body devoid of energy, without any strength. I'm exhaused. I get up up with a shred of hope in my heart.

"Five, four, three, two, one. He looks at me and laughs out loud. "Time's up, kids."

Suddenly there is a deathly silence. Behind Albert a figure moves.

« Qui est-ce ? L'ange de la mort qui vient chercher nos âmes ? »

Albert se met à genoux et allume la paille sèche qui commence à brûler avec une facilité incroyable. Cela se passe vraiment ? je pense hypnotisé alors que les flammes dansent dans le vent.

La silhouette derrière Albert porte quelque chose : « Une corde ou un serpent ? Peut-être que je suis déjà mort et que rien n'est réel ? je me demande. Et un instant plus tard, je vois que la silhouette est Yuki, et que ce qu'elle porte est le tuyau qui était dans la piscine.

Yuki appelle quelqu'un et l'eau commence à jaillir vers Albert. Le gangster se retourne, mais l'eau le pousse. Yuki continue de pointer le tuyau vers lui et, surpris et désorienté, Albert tombe dans la boue.

—Allez les gars. Nous devons aider, je crie, et nous nous levons tous en même temps.

'Who is it? The angel of death coming for our souls?'

Albert kneels down and lights the dry straw which starts to catch fire with incredible ease. 'Is this really happening?' I think mesmerised as the flames dance in the wind.

The figure behind Albert is carrying something. 'A rope or a snake? Maybe I'm already dead and nothing is real?' I wonder. And a moment later I see that the figure is Yuki, and what she is carrying is the hose that was in the pool.

Yuki calls out to someone and the water begins to spurt out towards Albert. The gangster turns, but the water pushes him. Yuki continues to point the hose at him and, surprised and disoriented, Albert falls into the mud.

"Come on guys. We have to help," I yell, and we all jump up at once.

Quand nous arrivons, Albert est
à genoux, mais Fernand monte
sur lui et lui lie les mains avec
un collier de serrage.

5

Yuki essaie d'éteindre le feu
avec le tuyau. La terre calcinée
émet de la fumée.

10 —Allez les gars, dit Yuki.
Allons vers le portail.
Nous laissons Albert dans la
boue, il nous insulte, et nous
nous dirigeons vers l'entrée de
15 l'enceinte. Quand nous arrivons
au portail, j'essaie d'ouvrir la
porte piétonne, mais elle est
verrouillée.

20 Il semble que nos problèmes ne
finiront jamais ! je dis à
Valentina, fatigué et frustré. Je
ne sais pas si je dois rire ou
pleurer.
25

—Ne t'inquiète pas, interrompt
Yuki. Mon ami va nous aider.
Nous nous retournons et je vois
qu'Ivan est dans la cour, à une
30 vingtaine de mètres de nous.

When we arrive, Albert is on
his knees, but Fernand gets on
top of him and ties his hands
with a zip tie.

Yuki tries to put out the fire
with the hose. The charred
ground smoulders.

"Come on guys," says Yuki.
"Let's get to the gate."
We leave Albert in the mud,
cursing us, and head towards
the entrance of the compound.
When we reach the gate, I try
to open the pedestrian gate, but
it's locked.

"It seems our troubles will
never end!" I say to Valentina,
tired and frustrated. I don't
know whether to laugh or cry.

"Don't worry," Yuki interrupts.
"My friend will help us." We
turn around and I see that Ivan
is in the courtyard about twenty
metres from us.

Les chiens sont de nouveau dans leur cage et ils nous regardent avec intérêt. J'ai le vertige en le regardant, pensant qu'Ivan allait libérer son père et qu'ils allaient encore nous attaquer.

À notre grande surprise, Ivan lève seulement la main et appuie sur le bouton de sa télécommande.

Immédiatement, le portail commence à s'ouvrir et nous sortons dans la rue. Hassan et moi échangeons des regards… « Que faisait-il avec Albert ? » je me demande, mais je le vois triste d'avoir perdu son animal de compagnie alors je ne dis rien...

Une fois dans la rue, derrière nous, nous entendons le grincement du portail qui se ferme et, juste avant qu'il ne se ferme complètement, je vois du coin de l'œil quelque chose en sortir à la dernière minute. Je pense que c'est un chat mais quand je me retourne, je vois que c'est un petit rat.

The dogs are in their cage again, looking at us with interest. I feel dizzy looking at him, thinking that Ivan was going to free his father and that they were going to attack us again.

To our great surprise, Ivan just raises his hand and presses the button on his remote.

Immediately, the gate starts to open and we go out into the street. Hassan and I exchange glances… 'What was he doing with Albert?' I wonder, but I see he's sad after losing his pet so I don't say anything...

Once out in the steet, behind us we hear the squeaking of the gate closing and, just before it shuts completely, out of the corner of my eye, I see something come out at the last minute. I think it's a cat but when I turn I see that it's small rat.

Son pelage est carbonisé et il lui manque un morceau de sa queue.

5 —Ce n'est pas possible... je dis à Hassan. —Ce n'est pas possible !

Le rat court vers Hassan et lui
10 saute dans les bras. Hassan, surpris, tombe presque à la renverse. Je m'approche d'eux et regarde le rat héroïque qui nous a tous sauvés. —On dit
15 que les rats sont les animaux les plus intelligents, je dis. —C'est la vérité, il répond.

Fernand, Yuki et Valentina
20 viennent saluer Rémy, le rat.

Je regarde Fernand avec méfiance... Je devrais aussi être en colère contre lui pour ce
25 qu'il a fait la nuit dernière... mais nous en parlerons plus tard.

Et Valentina... Elle m'a
30 embrassé à La Cassole... Est-ce qu'elle veut être avec moi, ou est-ce qu'elle l'a fait confuse par la peur ?

His fur is charred and he's missing a piece of his tail.

"It can't be" I say to Hassan. "It can't be!"

The rat runs towards Hassan and jumps in his arms. A surprised Hassan almost falls backwards. I walk over to them and look at the rat hero who saved us all. "They say rats are the most intelligent animals," I say.
"It's the truth," he answers

Fernand, Yuki and Valentina come to greet Rémy, the rat.

Warily, I look at Fernand... I should be angry with him too for what he did last night... but we'll talk about that later.

And Valentina... She kissed me in La Cassole... Does she want to be with me or did she do it confused by fear?

L'important maintenant, c'est
que nous soyons en vie. Je
caresse Rémy. Il sent la poudre
à canon. Mais nous sommes
5   *tous* vivants et, honnêtement, je
me sens plus soulagé que
jamais.

Je vois la voiture de Valentina
10   au loin.
—Nous devons sortir d'ici au
plus vite.

Dans la rue, nous nous
15   regardons et, au bout d'un
moment, nous rions de
soulagement et d'incrédulité.

Je ne comprends pas comment
20   nous sommes sortis vivants de
La Cassole...

Nous sommes vivants mais j'ai
le sentiment inquiétant
25   qu'Albert va surgir à tout
moment, assoiffé de vengeance.

Valentina, Hassan et Rémy
montent dans la voiture mais
30   Yuki sort un papier de sa poche
et me le donne.

The important thing now is that
we are alive. I stroke Rémy. He
smells of gunpowder. But we're
all alive and, honestly, I feel
more relieved than ever.

I see Valentina's car in the
distance.
"We have to get out of here as
fast as we can."

On the street we look at each
other and, after a moment, we
laugh with relief and disbelief.

I don't understand how we got
out of La Cassole alive.

We are alive but I have the
unsettling sensation that Albert
is going to come out at any
moment, thirsty for revenge.

Valentina, Hassan and Rémy
get in the car but Yuki takes a
piece of paper from her pocket
and gives it to me.

—Quelque chose d'important,
je pense, elle me dit. —Je l'ai
trouvé à La Cassole. Dans la
chambre.

5

C'est une enveloppe avec
l'adresse de La Cassole. Je ne
reconnais pas le nom.
—Qu'est que c'est ? je demande
à Yuki. —Une lettre. Regarde
l'addresse de retour.

Je retourne l'enveloppe,
l'écriture n'est pas très claire
mais l'expéditeur est :
Sam Hart.

—Qui est Sam Hart ? je dis.
—Sam Hart ? Ça me dit
quelque chose… Est-ce que *je
suis* Sam Hart ? je répète
comme si j'essayais une
chemise. Ça me va bien.
J'ai la tête qui tourne.

Je suis Sam Hart.

Je me dirige vers la voiture,
avec l'intention de dire à
Hassan et Valentina qui je suis,
mais Hassan m'interrompt
avant que je ne puisse parler.

"Something important, I think,"
she says to me. "I found it in La
Cassole. In the bedroom."

It's an envelope with the
address of La Cassole on it. I
don't recognise the name.
"What is it?" I ask Yuki.
"A letter. Look at the return
address."

I turn the envelope over, the
writing is not very clear but the
sender says: Sam Hart.

"Who's Sam Hart?" I say, "Sam
Hart? It rings a bell... *am I* Sam
Hart?" I repeat like I'm trying
on a shirt.

It suits me.
My head is spinning.

I'm Sam Hart.

I head towards the car,
intending to tell Hassan and
Valentina who I am, but
Hassan cuts me off before I can
speak.

—Nous devons appeler la police. Il y a des *tombes* dans la grange.

5 Hassan me regarde à travers la vitre de la voiture. Il tient le rat dans ses mains, ses yeux sont rouges.
—Tu te rends compte qu'Albert
10 est un meurtrier ? Un tueur en série !

Je pense au visage diabolique avec lequel Albert nous
15 regardait au moment où il mettait le feu à la paille dans le champ...
Il voulait tous nous tuer donc oui je peux croire que cet
20 homme est un meurtrier.

Je sors mon téléphone pour appeler la police, les mains tremblantes. Sur l'écran de mon
25 portable, il y a deux notifications de message. Au moins, j'ai de la couverture mobile en dehors de La Cassole.
30 Le premier message est de Joanna : *Le frère de Renata va bien. Il dit qu'il doit te parler d'urgence.*

"We have to call the police. There are *graves* in the barn."

Hassan looks at me through the car window. He holds the rat in his hands, his eyes are red.

"Can you believe that Albert is a murderer? A serial killer!"

I think of the diabolical face with which Albert looked at us at the moment when he set fire to the straw in the field...

He wanted to kill us all so, yes, I can believe this man is a murderer.

I pull out my phone to call the police, my hands shaking. On my mobile screen, there are two message notifications. At least I have network coverage outside of La Cassole.

The first message is from Joanna: *Renata's brother is fine. He says that he has to talk to you urgently.*

Le frère de Renata ? Je me souviens que Joanna est allée à l'hôpital pour voir notre professeure de français, Renata,
5 parce que son frère était malade. Pourquoi est-ce qu'il veut me parler ? je me demande.

10 Le deuxième message provient d'un numéro inconnu : « *Hi Sam! The Language School gave me your number. I am your lawyer. It's regarding*
15 *your father's recent passing* ».

A ce moment, le téléphone me tombe des mains et je m'assois sur le bord de la route,
20 incapable de répondre aux questions de mes amis...

Mon père est mort.

25 *À suivre...*

Renata's brother? I remember that Joanna went to the hospital to see our English teacher, Renata, because her brother was sick. 'Why does he want to talk to me?' I wonder.

The second message is from an unknown number: *"Hi Sam! The Language School gave me your number. I am your lawyer. It's regarding your father's recent passing».*

At this moment, the phone falls out of my hand and I sit by the side of the road unable to answer my friends' questions...

My father is dead.

To be continued.